RƏDD EDİLMƏYƏ ƏLAC

Derek Prins

Bütün ayələr Müqəddəs Kitabın Azərbaycan dilinə tərcüməsindən götürülmüşdür.

Originally published in English under the title: **GOD'S REMEDY FOR REJECTION**, copyright © **1993** by Derek Prince Ministries–International. All rights reserved.

Published by permission in the **Azeri** language.

Copyright © 2016 Derek Prince Ministries–International.

B41AZE1k

Derek Prince Ministries
P.O. Box 19501
Charlotte, NC 28219
USA
www.derekprince.com

RƏDD EDİLMƏYƏ ƏLAC
Derek Prins

Bakı 2016

Naşirin yazılı icazəsi olmadan, bu kitabın heç bir hissəsi hər hansı bir yolla (elektron və ya çap olunmuş formada – surəti, audio yazısı, istənilən informasiya daşıyıcısı və ya digər yayım vasitəsi ilə) dərc edilə bilməz və ya heç bir formada ötürülə bilməz.

ISBN: 978-1-78263-327-3

Mündəricat

1. Rədd edilmənin mahiyyəti 5
2. Rədd edilmənin səbəbləri 12
3. Xəyanət və rüsvayçılıq 18
4. Rədd edilmənin nəticələri 22
5. Ən böyük rədd edilmə 27
6. Vasitəni necə tətbiq etmək olar 38
7. Allahın ailəsində qəbul olunma 46
8. İlahi sevgisinin axını 51
Müəllif haqqında 61

Fəsil 1
RƏDD EDİLMƏNİN MAHİYYƏTİ

Həyatda rədd edilməni, demək olar ki, hamımız yaşamışıq, ancaq çoxumuz onun mahiyyətini və ya təsirlərini başa düşməmişik. Ola bilsin ki, rədd edilmə nisbətən kiçik və ya elə məhvedici olub ki, bütün həyatınıza və bütün münasibətlərinizə təsir göstərib. Bir neçə adi nümunəyə nəzər salaq. Siz məktəbin idman komandasına seçilmədiniz; sizin birinci nişanlınız üzüyü qaytardı və səbəbi sizə heç vaxt söyləmədi; istədiyiniz kollecə qəbul edilmədiniz; səbəb izah edilmədən, sadəcə «lazım deyilsiniz» sözləri ilə işdən azad olundunuz.

Lakin bu nümunələrdən daha da pis atanızdan heç vaxt sevgi görmədiyinizə, ananızın istəmədiyi övlad olduğunuzu hiss etdiyinizə, nikahınızın boşanma ilə bitdiyinə görə hiss etdiyiniz ağrıdır.

Buna bənzər təcrübələr həmişəlik yara izləri qoyur, biz bunlardan xəbərdar olmaya da bilərik. Ancaq sizin üçün xoş xəbərim var! Allah sizə rədd edilmədən gələn yaralardan şəfa verə, özünüzü qəbul etməyə kömək edə və başqalarına Onun məhəbbətini göstərməyə sizi qadir edə bilər. Lakin Onun köməyini qəbul etmək üçün probleminizin mahiyyətini müəyyən etməlisiniz. Rədd edilmə arzuedilməz olmağın hissi kimi tərif edilə bilər. Siz insanların xoş münasibətini arzulayır, lakin bunu görmürsünüz; bir dəstə adamlara mənsub olmaq istəyirsiniz, lakin sizi kənar edirlər. Elə alınır ki, siz həmişə kənardan baxan olursunuz.

Xəyanət ilə xəcalətin törətdiyi yaralar rədd edilmənin törətdiyi yaralara yaxındır. Bunların hamısı yaralı şəxsdə oxşar hisslərə – istənilməmək və ya qəbul edilməmək hissinə səbəb olur.

Bəzən rədd edilmə o qədər yara və ağrı gətirir ki, insan fikrini onda cəmləşdirməkdən imtina edir. Hər halda, siz bilirsiniz ki, orada nə isə var və bu, məntiqdən, ağıldan və yaddaşdan daha böyükdür. Bu, ruhdadır. Süleymanın Məsəlləri 15:13 bunu belə təsvir edir: *"Qəlbin sevinci üzü xoş edər, ürəyin kədəri könlü sındırar"*. Müəllif həmçinin sınmış könlün insana təsiri barədə deyir: *"Xəstənin ürəyi bütün ağrıları çəkər. Amma ürəyi sınıqdırsa, buna necə dözər?"* (Sül.18:14).

Şanlı ruh insana böyük çətinliklərdən keçməyə kömək edir, sınıq ürək isə həyatın bütün sahələrinə ziyan vurur.

Bugünkü cəmiyyətimizdə münasibətlər getdikcə daha çox pozulur. Ola bilsin ki, siz münaqişə yaşamısınız, nəticədə rədd edilmə və yara olub. Lakin icazə verin sizə o qaranlıq buluda aydınlıq gətirməyi təklif edim.

Güman edirəm ki, iblis müəyyən qədər gələcəyi görə bilir. Allahın sizdən istifadə etmək istəyi barədə bilərək o, öz zərbəsini qabaqcadan vurur. Müəyyən mənada bu, bir tərifləmədir. Yəni iblis sizin Məsihdə kim ola biləcəyinizdən qorxur. Beləliklə, məyus olmayın. Öz təcrübəmdən deyə bilərəm ki,

RƏDD EDİLMƏNİN MAHİYYƏTİ

çox vaxt aşağıda olan adamlar ən yüksəklərə ucalırlar. Müqəddəs Yazılar bizə deyir: *"Özünü yüksəldən hər kəs aşağı tutulacaq, özünü aşağı tutansa yüksəldiləcək"* (Luka 18:14).

Məncə, İsanın sizə olan hissini Mat.9:36a təsvir edir: *"İzdihamı görəndə İsanın onlara rəhmi gəldi"*.

"Rəhm" kimi tərcümə edilən yunan sözü çox güclüdür. O, şəxsin daxilində təsirli, fiziki reaksiyanı nəzərdə tutur. Bu, dərhal hərəkət tələb edən güclü reaksiyadır. Rəhm edən insan dayanıb müşahidə edə bilmir. O nə isə etməlidir. Niyə İsa rəhm etdi?

"Çünki çobansız qoyunlar kimi taqətsiz və çarəsiz idilər" Mat.9:36b.

Siz özünüzü məhz yorğun, əldən düşmüş, məyus, çətinliyə düşmüş, bərk qorxudulmuş, narahat, ağır yük altında hiss edə bilərsiniz. İsa izdihama necə baxırdısa, sizə də eyni gözlə baxır. Onun sizin üçün rəhmi var. O, sizin ən ağrılı yaranıza şəfa vermək istəyir.

Əvvəlcə biz rədd edilmənin əsl mahiyyətini başa düşməliyik. Rədd edilmə necə baş verir? Yaraya səbəb nə olur? Yalnız bu suallara cavab verəndən sonra biz soruşa bilərik: "Rədd edilmənin nəticəsində yaranan yaraların müalicəsi nədir?"

Təxminən 1964-cü ildə tütün və ya spirtli içkilərin düşkünü olan adamlara xidmət edirdim. Çox tezliklə aşkar etdim ki, belə meyillər müəyyən bir şeyin nəticəsidir. Adətən bu, bir məyusluq idi. Buna görə də, problemi təcrübədə həll etmək üçün həmin sahə ilə məşğul olmaq lazım idi. Məyusluq aradan qaldırılandan sonra onun nəticələrini aradan qaldırmaq nisbətən asan olurdu.

İnsanların şəxsi problemləri ilə mübarizədə davam edərkən mən tədricən problemlərin kökünə çatdım. Allah həyatımızda məhz burada işləməyə can atır.

"*Artıq balta ağacların dibində yatır. Beləliklə, yaxşı bəhrə verməyən hər ağac kəsilir və oda atılır*" Mat.3:10.

Ağacı haradan kəsirlər? Kökündən. Mən problemin daha dərinliyinə, onun kökünə gedəndə əvvəlcə məni təəccübləndirmiş bir kəşfi etdim. Bütün şəxsi problemlərin köklərindən biri, adətən, *rədd edilmədir*. Mən bu nəticəyə bir sosioloq və ya psixoloq kimi deyil, bir vaiz və Müqəddəs Kitab müəllimi kimi gəldim.

Atasının qucağında oturan bir balaca uşağı görmüsünüzmü? Bir əli ilə atasının köynəyindən tutur, başı ilə isə güclü, möhkəm sinəsinə söykənir. Ətrafda təzyiqlər və gərginliklər ola bilər, ancaq uşaq qorxmur. Onun üzündə tam təhlükəsizlik ifadəsi var. O, öz yerində – Atasının qucağındadır.

Allah insanı elə yaratdı ki, dünyaya gələn hər bir körpə belə bir təhlükəsizliyə can atır. Valideyn, xüsusilə də ata sevgisini görməyən uşaq heç vaxt həqiqətən məmnun ola bilməz. Bu növ məhəbbətdən məhrum olan istənilən şəxs rədd edilmənin yarasına labüddən məruz qalır. Amerikan atalar, demək olar ki, öz uşaqlarını pis vəziyyətdə qoymuşdur. Nəticədə gənc adamların ən dərin və ən əsas problemi rədd edilmədir.

Valideynlərlə övladlar arasında olan pozulmuş münasibətlərə baş tutmayan nikahların statistikası əlavə olunur. Bu gün nikahların təxminən yarısı bu

RƏDD EDİLMƏNİN MAHİYYƏTİ

vəziyyətdədir. Demək olar ki, nikah cütlüyündə biri və ya hər ikisi həmişə rədd edilmənin yarası ilə meydana çıxır. Çox vaxt bu yaraya etibarın itirilməsinin ağrısı da əlavə olunur.

Müasir cəmiyyətin təzyiqlərinə, xüsusilə də ailə həyatının faciəsinə nəzər saldıqda belə bir nəticəyə gəlirəm ki, ölkəmizdəki adamların yarısı rədd edilmənin bir neçə formasından əziyyət çəkir.

Şübhəsiz, Allah Malaki peyğəmbərə bu vədi verəndə son zamanların xüsusi böhranı olan pozulmuş münasibətləri əvvəlcədən görmüşdü:

"Rəbbin böyük və dəhşətli günü gəlməzdən qabaq İlyas peyğəmbəri sizin yanınıza göndərəcəyəm. O, ataların ürəklərini oğullarına, oğullarının ürəklərini isə atalarına tərəf döndərəcək ki, daha Mən gəlib ölkəni lənətləyib məhv etməyim" (Mal.4:5-6).

Rədd edilmənin törətdiyi qırılmış münasibətlərin son nəticəsi lənətdir. Lakin İsa vasitəsilə Allaha dönənlər üçün O, bu lənətdən qurtuluşu təmin etmişdir.

Şəfa necə baş verir? Rədd edilmənin əksi nədir? Əlbəttə ki, qəbuldur. İsa vasitəsilə Allahın yanına gələndə O, sizə məhz bunu təklif edir.

"Öz iradəsinin xoş məramına görə İsa Məsih vasitəsilə bizi əvvəlcədən təyin etdi ki, Özü üçün övladlığa götürsün. Belə ki sevimli Oğlunda (yəni, İsada) bizə bəxş etdiyi Öz lütfünün izzətini mədh edək" (Ef.1:5-6).

İsa vasitəsilə Allaha tərəf gələndə siz İsanın Özü kimi qəbul edilir və sevilirsiniz. Bu, ağlasığmazdır, amma Allah sizi İsanı sevdiyi kimi sevir. Siz Onun ailəsinin üzvü olursunuz.

Rədd edilməyə üstün gəlməkdə birinci addım problemi müəyyən etməkdir. Problemi müəyyən edəndən sonra onu həll etmək mümkündür. Siz bu məsələdə tək deyilsiniz; Allah sizə problemi müəyyən etməkdə kömək edəcək.

İcazə verin bir nümunə gətirim. Mən II Dünya Müharibəsi ərzində Şimalı Afrikada səhrada tibb növbətçisi olanda böyük bir həkimlə işləyirdim. Düşmən təyyarəsindən bir bomba düşdü və yaxınlıqda partlatdı. Əsgərlərimizdən biri yaralandı. O, çiynində kiçik, qara deşik izi ilə tibb stansiyasına daxil oldu. Sonra onun yarası ilə mən məşğul oldum: onu təmizləməyə və lazım olanı etməyə cəhd edərək həkimdən soruşdum: "Sarğı gətirim?»

Həkim dedi: «Xeyr, mənə zondu verin». Beləliklə, mən ona balaca gümüş aləti verdim və o, onu yaranın içinə salıb ətrafda hərəkət etdirdi. Bir neçə an ərzində heç nə baş vermədi. Birdən zond daxildə şrapnelin balaca hissəsinə toxundu və xəstə inildədi. Həkim problemi artıq tapmışdı.

Mən yenidən soruşdum: "Sarğı gətirim?" Həkim cavab verdi: «Xeyr, mənə kəlbətini gətirin». O, kəlbətin ilə şrapnelin hissəsini çıxartdı. Yalnız bundan sonra o, sarımağa başladı.

Siz içi irinli olduğuna görə sağalmayan yaranın üstünə din sarğısını qoya bilərsiniz. Amma ürəyinizi Müqəddəs Ruha açsanız O, problemin mənbəyini göstərəcək. Əgər Müqəddəs Ruhun zondu şrapnelin hissəciyinə toxunsa, inildəyin, amma müqavimət göstərməyin! Problemi aradan qaldırmaq üçün kəlbətinindən istifadə etməyi Ondan xahiş edin. Bundan sonra Allah yaraya əsl şəfa gətirən bir məlhəm qoyacaq.

RƏDD EDİLMƏNİN MAHİYYƏTİ 11

Bu kitabı oxumağa davam etdikdə siz rədd edilmədən qəbul olunmaya tərəf hərəkət edə biləcəyinizi aşkar edəcəksiniz. Həmçinin, satqınlıq ilə rüsvayçılıq problemlərini həll etməyi öyrənəcəksiniz. Bundan sonra mən sizin vasitənizlə başqa adamlara Allahın ilahi sevgi axınına necə imkan verməyi sizə göstərəcəyəm.

Rədd edilmə problemini müəyyən edən və onun yaralarından müvəffəqiyyətlə sağalmış bir çox adamlarla məşğul olmuşam. Siz Allahın lütfü ilə o adamlardan biri ola bilərsiniz.

Fəsil 2
RƏDD EDİLMƏNİN SƏBƏBLƏRİ

Bütün bəşəri münasibətlər rədd edilmə riski ilə müşayiət edilir. Bəzən rədd edilmə məktəb illərində başlayır. Ola bilsin ki, adi paltar geyindiyinizə və ya fərqli irqdən, ya da fiziki cəhətdən qüsurlu olduğunuza görə də məktəbinizdə istehza hədəfinə çevrilmisiniz. Adamların əksəriyyəti fərqlənən şəxsi görəndə özlərini narahat hiss edirlər. Onlar fərqi dərk edə bilmədiklərinə görə sizi rədd edirlər.

Ən dağıdıcı rədd edilmə növü övladın öz valideynindən rədd etməni hiss edəndə baş verir. Bu yaraya üç əsas vəziyyət səbəb olur. Birincisi, ola bilsin ki, hamiləlik dövründə bu uşaq arzuedilməz uşaq olub. Ana əslində istəmədiyi övladı bətnində gəzdirir. O, heç nə deməsə də, bu münasibət onun ürəyindədir. Ola bilsin ki, qadın nikahdan kənarda uşağa hamilə olmuşdu. Onun həyatına daxil olan və ona bir çox problemlər gətirən bu körpəyə ana qəzəblənir və nifrət edir. Belə uşaq rədd edilmənin ruhu ilə doğula bilər.

Adamlara xidmət edəndə təəccüblü bir şey aşkar etdim. Adətən, müəyyən yaş qrupunda olan adamlar həyatlarının erkən mərhələsindən bu rədd edilmə his-

RƏDD EDİLMƏNİN SƏBƏBLƏRİ 13

sinə malik olublar. Daha dərinə gedəndə aşkar etdim ki, onlar Böyük Durğunluq dövründə doğulmuşdular. Aydındır ki, aclıq dövründə yaşayan anaya daha bir övladı dünyaya gətirmək fikri ağır gəlirdi. Ananın ürəyindəki münasibət hələ işıq üzü görməmiş övladını artıq yaralayırdı.

İkinci səbəb: Nə üçün valideynlər öz övladına sevgilərini nümayiş etdirmirlər? Bir vaxt bu yaxşı sual məşhur idi: «Bu gün uşağınızı qucaqladınızmı?» Az sığal alan uşaq rədd edilmiş şəxs olmağa meyillidir. Hətta valideynlər övladlarını sevsələr belə, onlar bəzən öz sevgilərini necə ifadə etməyi bilmirlər. Bu yaxınlarda bir neçə adamla danışmışam. Onlar deyirdilər: «Güman edirəm ki, atam məni sevirdi, ancaq bunu necə göstərməyi bilmirdi. O, bütün həyatı boyu məni bir dəfə də olsun, dizləri üstündə oturtmadı; məni sevdiyini mənə göstərmək üçün heç vaxt heç nə etmədi". Ola bilsin, uşaq rədd edilməni anadan hiss edir, ancaq hər halda, uşaq özünün arzuedilməz olduğunu başa düşür.

Valideynlərinə qarşı acılıq hiss edən, qızğın və sözə baxmayan bir çox uşaqla danışsanız, onlar sizə bunu deyəcəklər: «Valideynlərimiz bizə paltar, təhsil, avtomobil və üzgüçülük hovuzunu verdi, ancaq onlar bizə öz vaxtını sərf etmirdilər. Onlar bizə özlərini heç vaxt vermədilər».

Beləliklə, fikirləşirəm ki, bu, 1960-cı illərdə gördüyümüz gənc adamların yaşlı nəslə qarşı acı münasibətin bir səbəbdir. Bu, sevgisiz materializmə qarşı bir reaksiya idi. Belə acıqlı və sözə baxmayan bu gənc adamların çoxu olduqca imtiyazlı, varlı ailələrdən idi. Onların istədikləri və ən çox ehtiyac duyduqları sevgidən başqa hər şeyləri var idi. Rədd edilmənin bu forması, həmçinin boşanmış valideynlərin övladına da təsir göstərə bilər. Adətən bu, uşaqlarına qayğı göstərmək üçün tərk edilən tənha anadır. Belə boşanmadan əvvəl, ola bilsin ki, uşağın ata ilə yaxın, sevgi ilə dolu münasibəti olub, ancaq qəfildən ata yox olur. Onun getməsi uşağın ürəyində ağrı verən boşluq yaradır.

Əgər ata başqa qadının yanına gedirsə, uşağın ürəyindəki ağrı ikiqat olur: başqa qadına və ataya görə. İndi uşağın qəlbində rədd edilmənin dərin yarası var və ağrı deyir: «Sevdiyim və etibar etdiyim adam məni tərk etdi. Bundan sonra mən heç vaxt heç kəsə etibar edə bilmərəm». Əvvəllər övladına bol məhəbbət göstərən ana çox vaxt üzərinə düşmüş çoxsaylı yeni öhdəliklər səbəbi ilə daha uşağa məhəbbət göstərə bilmir. Bu halda uşaq ikiqat rədd edilmə hissi keçirir: həm atadan, həm də anadan.

Rədd edilməyə səbəb olan üçüncü şərait odur ki, doğma övladlar valideynlərindən qeyri-bərabər məhəbbəti hiss edirlər. Bu həm təsadüfən, həm də qəsdən ola bilər. Mən fikir vermişəm ki, üç uşaqlı ailənin birinci uşağı çox ağıllı və bütün cavabları bilən ola bilər. Birinci uşaq olduğuna görə o, təbii ki, başqalarından bir qədər üstün olur. Növbəti uşaq dünyaya gəlir və o, qardaşı qədər dərrakəli deyil. Bundan sonra üçüncü uşaq dünyaya gəlir və o, şirin və zirəkdir. İkinci uşaq daim özünü başqalarıdan aşağı hiss edir. Elə olur ki, valideynlər böyük və kiçik uşağı həmişə tərifləyir, ortancıl uşaq haqqında isə çox söz demirlər. Əksər hallarda ortancıl uşaq özünü rədd edilən

RƏDD EDİLMƏNİN SƏBƏBLƏRİ

və arzuedilməz hiss edir. O fikirləşir: «Valideynlərim mənim böyük və kiçik qardaşımı sevirlər, məni isə sevmirlər».

Digər tərəfdən, elə də olur ki, ailədə bir uşaq ədalətsiz olaraq doğma qardaş-bacılarından daha çox sevgi və diqqət alır. Qardaş-bacılar xüsusi sevilən uşaqla özlərini müqayisə edərək rədd edilmiş hiss edirlər.

Bir qızını digərlərindən daha çox sevən bir ananın sözləri yadıma düşür. Bir dəfə o, başqa otaqdan bir səs eşitdi. Sevimli qızının səsi olduğunu fikirləşərək o, uca səslə soruşdu: «Canım, sənsən?» Cavabında başqa qızın məyus səsi eşidildi: «Yox, ana, bu mənəm».

Onda ana bir qıza olan məhəbbətinin başqalarına göstərdiyi təsiri başa düşdü. O, tövbə etdi və övladlarının hamısı ilə pozulmuş münasibətləri bərpa etməyə çalışdı.

İcazə verin çox gənc yaşda rədd edilməni hiss edən uşaqlar və bunun onlara ruhani təsiri barədə sizə başqa bir misal gətirim. Bir çox il əvvəl Mayamidə bir imanlı cəmiyyətinə rəhbərlik edirdim. Cəmiyyətə mənsub adamlardan birinə baş çəkərək, nadir hallarda etdiyim bir şeyi etdim. Mən ona dedim: «Bacı, məncə, sizdə ölüm ruhu var».

O, xoşbəxt olmaq üçün bir çox səbəbə malik idi, ancaq heç vaxt xoşbəxt deyildi. Onun yaxşı əri və uşaqları var idi, lakin o, demək olar ki, heç vaxt gülümsəmirdi və xoşbəxt görünmürdü. O, daim matəmdə olan adama bənzəyirdi. Mən belə sözü bir adama çox nadir hallarda deyirəm, amma həmin gün ona bu sözü deməli olduğumu hiss etdim.

Mən ona dedim: «Cümə günü axşam vəz edəcəyəm. Gəlsəniz, sizin üçün dua edəcəyəm». Toplantının əvvəlində onun ön sırada oturduğuna fikir verdim. Bir daha, mən adətən etmədiyim bir şeyi etdim. Vəz vaxtı qadına tərəf addımlayıb getdim və sual verdim: «Ey ölüm ruhu, İsanın adı ilə, sənə indi mənə cavab verməyi əmr edirəm: Bu qadına nə vaxt daxil oldun?» Qadın deyil, ruh çox aydın cavab verdi: "Onun iki yaşı olanda". Mən yenə soruşdum: «Ona necə daxil oldun?"

Yenə bu cavabı vermiş ruh idi: «Hə-ə-ə... o özünü rədd olunmuş, sevilməyən və tənha hiss etdi».

Həmin axşam qadın ölüm ruhundan azad edildi, lakin bu hadisə bir neçə gün yadımdan çıxmadı. Mən rədd edilmənin insana daha bir təsiri barədə öyrəndim. Rədd edilmə özü-özündə şər deyil, ancaq müxtəlif mənfi, dağıdıcı qüvvələrə qapı açır və şəxsin həyatı üzərində tədricən nəzarəti ələ alır. Doğrudan da, rədd edilmə bir kökdür ki, zərərli olan nəticələr ondan böyüyür.

Bu zamandan etibarən mən rədd edilmənin ruhani təsirlərindən əzab çəkən bir neçə yüz adama kömək etmişəm və onlar azad olublar.

O nümunədəki qadın açıq-aydın narahat idi, ancaq rədd edilmə həmişə zahirən görünmür. Rədd edilmə gizli olur, insan bu münasibəti daxilində hər yerə aparır. Problem ruhun olduğu yerdədir. Təcrübəmdən öyrənmişəm ki, hər bir mənfi emosiya, hər bir mənfi cavab və münasibət müvafiq ruh ilə əlaqəlidir. Qorxunun arxasında qorxu ruhu dayanıb; qısqanclığın arxasında qısqanclıq ruhu dayanıb; nifrətin arxasında nifrət ruhu dayanıb.

RƏDD EDİLMƏNİN SƏBƏBLƏRİ 17

Bu o demək deyil ki, məsələn, qorxu hiss edən hər kəs qorxu ruhuna tutulub. Lakin özünə nəzarət edə bilməyən şəxs adətən hədsiz qorxuya düşürsə, qorxu ruhuna yol açır. Bundan sonra insan daha özünü tam idarə edə bilmir.

Bu, həmçinin qısqanclıq və ya nifrət kimi başqa emosiyalara da aiddir. Bir çox hallarda rədd edilmə başqa mənfi ruhlara yol açır. Artıq qeyd etdiyim kimi, rədd edilmə bir kökdür və bir çox dağıdıcı emosiya və münasibətlər ondan yaranır.

Proses belə baş verə bilər. Qız özünü atası tərəfindən rədd edilmiş hiss edir və ona nifrət edir, çünki o, tənqidçidir və onu sevmir. Bu nifrət o qədər dərinləşir ki, qız bu nifrətini daha boğa bilmir.

O, böyüyəndən sonra ərə gedir, uşaqları olur. İndi o, övladlarından birinə qarşı nifrət hiss edir. Onun nifrəti səhv və səbəbsizdir, ancaq qadın onu idarə edə bilmir. Bu, nifrət ruhudur. Ata yaxınlıqda olmayanda qadın nifrətini ailə üzvlərinin birinə qarşı yönəldir.

Nifrət ruhunun başqa təsiri onu bütün kişilərə nifrət etməyə məcbur edə bilər. O, hətta əxlaqsızlığa düşərək, ümumiyyətlə kişi ilə sağlam əlaqədən boyun qaçıra bilər.

Növbəti fəsildə biz olduqca çox adamın yaxın münasibətlərdə rast gəldiyi rədd edilmə növünə – etibarın itirilməsinə nəzər salacağıq. Mən, həmçinin, xəcalətin çox vaxt bunu müşayiət etdiyini də sizə izah edəcəyəm.

Fəsil 3

SATQINLIQ VƏ XƏCALƏT

Bu kitabın əvvəlində uşaqlıqda rədd edilmənin bir neçə əsas səbəbini müzakirə etdik. Böyüdükcə, bizdə yaxın münasibətlər formalaşır və biz özümüzü daha çox rədd edilmə növlərinə məruz qoyuruq. Bu münasibətlərin birində rədd edildikdə, xüsusilə də həyat yoldaşı tərəfindən rədd edildikdə mürəkkəb ağrı yaranır, çünki etibar itir və satqınlıq halı baş verir.

Başqa vaizlərin əksəriyyəti kimi, mən də hər şeyi itirdiklərini hiss edən qadınlara məsləhət vermişəm. Onlar öz ərlərinə etibar etdilər və özlərini tamamilə onlara həsr etdilər. Sonra ərləri onları tərk etdi. Qadınlar xəyanəti hiss etdi. Mən arvadlarının xəyanətini görən ərlərlə də danışmışam, xəyanətin bir çox başqa növlərini də görmüşəm.

Sizə xəyanət ediblərmi? Siz buna necə cavab verdiniz?

Kimsə sizə xəyanət edəndə siz deyə bilərsiniz: «Bir daha heç kimə etibar etməyəcəyəm. Daha heç kəsin mənə belə zərər vurmaq imkanı olmayacaq». Bu, təbii, ancaq eyni zamanda, təhlükəli reaksiyadır. Bu, həddindən çox yaralanmış kimsənin reaksiyası olan ikinci problemə – sizi özünü müdafiəyə gətirə bilər. Özünü müdafiə edən adam deyir: «Yaxşı, mən yaşamaqda davam edəcəyəm, ancaq daha heç vaxt heç kimə imkan verməyəcəyəm ki, yaxınlaşıb məni yenə yaralasın. Mən özümlə başqa adamlar arasında həmişə məsafə saxlayacağam».

Axırda kimin əziyyət çəkdiyini bilirsiniz? Siz özünüz. Sizin şəxsiyyətiniz quruyur, natamam olur. Siz əsas gövdəsi ovulmuş əyri ağac kimi böyüyürsünüz. Yeşaya peyğəmbərin Kitabında xəyanətin çox yaxşı təsvirini tapırıq. Rəbb Yeşaya vasitəsilə Öz İsrail xalqına təsəlli verirdi. Allah onların vəziyyətini onlara göstərdi. O, onları əri tərəfindən rədd edilmiş qadınla müqayisə etdi. Bu gün həmin ağır vəziyyət milyonlarla qadınlara tanışdır, Rəbb isə eyni təsəlli sözlərini təklif edir:

"Qorxma, çünki utanmayacaqsan, ruhdan düşmə, çünki rüsvay olmayacaqsan. Cavanlığın xəcalətini unudacaqsan, bir daha dulluğun rüsvayçılığını yadına salmazsan». Çünki sənin ərin səni Yaradandır, Onun adı Ordular Rəbbidir. Səni Satınalan İsrailin Müqəddəsidir, O bütün dünyanın Allahı adlanır. Allahın deyir: «Rəbb səni çağırır atılmış və ruhu əzilmiş, gənc yaşında ərə getmiş, sonra isə rədd olunmuş bir qadın kimi»" (Yeş.54:4-6).

Bir çoxları 6-cı ayədə təsvir olunan qadının hissləri ilə tanışdır.

Bəzən bu, əksinə olur; bəzən qadın öz ərini rədd edir. Kişilərin qadınlardan daha güclü hesab edilməsinə baxmayaraq, çox hallarda arvadı tərəfindən rədd edilən kişilərin sözlə ifadə edilə bilməyən əzab çəkdikləri ilə rastlaşmışam. O, özünü fərsiz kişi hiss edə bilər. Bəzi hallarda kişi üçün bu hissləri keçirmək daha çətindir, çünki o, bu hisslərinə görə üstəlik hələ xəcalət də çəkir. Cəmiyyət kişilərdən emosional ağrıya etinasız olmağı tələb edir.

Yeşaya peyğəmbər nikahdakı xəyanətdə olan iki şeyi ön plana çıxarır. Yeşaya vasitəsilə Rəbb deyir: «*Utanmayacaqsan... Rüsvay olmayacaqsan*». Başqa şəxsə özünüzü, öz sevginizi, həyatınızı tam verəndə və bundan sonra onun xəyanətini aşkar edəndə insana xəcalət və rüsvayçılıq hissi gəlir. Başqa adamların üzünə baxa bilməyəcəyinizi hiss edəndə xəcalət hissi keçirirsiniz. Başqa şəxs yaxınlaşanda xəcalətdən əziyyət çəkən adamlar çox vaxt kənara çəkilir və ya gözlərini aşağı salırlar. Xəcalət əldən salır və sağlam insan kimi fəaliyyət göstərməyə bizə mane olur.

Boşanmada xəyanətdən başqa rüsvayçılıq daha iki yolla insanın ruhuna təsir göstərir. Bu, ictimai təhqir və uşaqlarla sərt rəftardır.

İctimai təhqir çox vaxt məktəbdə baş verir. Məsələn, həyat yoldaşımla mən Məsihi qəbul etmiş, ancaq hələ də problemlərə malik olan Maks adlı bir gözəl, gənc Yəhudi kişi ilə tanış olduq. Bir dəfə onunla söhbət edəndə onda xəcalət hissini aşkar etdim. Biz bu barədə ondan soruşanda o, orta məktəb barədə danışmağa başladı. Tədris ilinin sonunda məktəb direktoru bütün tələbələrin qarşısında Maksın pis oxuduğunu və ikinci ilə qalacağını elan etmişdi.

O vaxtdan etibarən Maks dəyişdi, problemini örtdü. O, ən yaxşı tələbə olduğunu sübut etmək üçün çox fəal oldu və təcavüzkarlıqla davrandı. Lakin, əgər siz başqaları kimi yaxşı olduğunuzu daim var gücünüzlə sübut etməyə cəhd edirsinizsə, nə isə səhvdir. Maks öz həyatında xəcalətin fəal olduğunu etiraf etməli idi.

SATQINLIQ VƏ XƏCALƏT

Xəyanət və xəcalət uşaqlıqda cinsi və ya fiziki zorakılıq vasitəsilə daxil olur. Hər ikisi bizim cəmiyyətimizdə adi hal olması ilə bərabər böyük dərddir. Bəzən uşaq bu haqda kimsəyə deyə bilmir. Çox vaxt bu zorakılığa görə məsuliyyəti valideyn, baba və ya başqa qohum daşıyır. Zorakılıq qurbanı olan uşaq həmin qohuma yenə etibar edə bilmir. Beləliklə, uşaq qarışıq münasibətlərə görə daim əzab çəkir: bir tərəfdən, inamsızlıq; digər tərəfdən isə həmin qohuma hörmət göstərmək öhdəliyi. Zorakılıq edən valideynə uşaq necə hörmət edə bilər?

İnsan bu gərginliyi həll etmədən öz həyatını yaşaya bilər. Bu, xəcalət gətirən bir sirr olaraq qalır. Lakin siz onu Rəbbə həmişə aça bilərsiniz və bütün gizli sirlərinizi Ona deyə bilərsiniz. Siz heç vaxt Onu pərt edə və ya sarsıda bilməzsiniz; O, heç vaxt sizi rədd etməyəcək. Sizinlə baş vermiş ən pis şeyi Ona deyə bilərsiniz və O cavab verəcək: «Mən bunu bilirdim və Mən yenə də səni sevirəm».

Allah bizi tam qəbul etməsinə baxmayaraq, rədd edilmə, xəyanət və xəcalət çox vaxt bizə Allahın məhəbbətini dərk etməyə qoymur. Bu barədə növbəti fəsildə.

Fəsil 4
RƏDD EDİLMƏNİN NƏTİCƏLƏRİ

Məncə, rədd edilmənin əsas nəticəsi sevgini qəbul etmək və ya sevgini vermək qabiliyyətini məhv etməkdir. Məhəbbət görməyən insan heç vaxt sevə bilməz. Müqəddəs Kitab bunu belə təsvir edir: *"Biz sevirik, çünki öncə O, bizi sevdi"* (1Yəh.4:19). Allahın sevgisi cavabında bizi Onu sevməyə qadir edir. Başqa şəxs tərəfindən təkan alana qədər sevgi fəaliyyətsiz qalır. Belə qarşılıqlı təsir olmasa, məhəbbət heç vaxt canlanmır.

Beləliklə, əgər insan Allahın və ya valideynlərin sevgisini görməyibsə, sevmək qabiliyyətsizliyi nəsildən nəslə ötürülə bilər. Məsələn, ailədə balaca qız doğulur və o, sevgi görmür. Onda rədd edilmənin yarası var. Beləliklə, o sevə bilmir. O böyüyür, ərə gedir, ana olur və onun qızı olur. Öz qızına sevgini verə bilmədiyinə görə, onun qızında da eyni problem olur. Beləliklə, bu dəhşətli problem daim nəsildən nəslə keçir.

Belə adamlara xidmət edərkən mən çox vaxt deyirəm: «Bu nə vaxt isə dayanmalıdır. Yaxşı olar ki, bu, indi baş versin və siz bunu sonrakı nəslə ötürməkdə davam etməyin. Rədd edilmə uşaqlarınıza ötürmək istədiyiniz bir mirasdırmı?"

RƏDD EDİLMƏNİN NƏTİCƏLƏRİ

Yezekel peyğəmbər vasitəsilə Allah demişdi ki, uşaqlar əcdadlarının səhvlərinə görə əziyyət çəkməməlidirlər:

"Deyək ki, bu oğulun da bir oğlu olur. Bu oğul atasının etdiyi bütün günahları görüb, diqqət edərək belə işlər etmirsə,... Mənim qaydalarıma görə rəftar edirsə, hökmlərimə sədaqətlə əməl edirsə, bu adam salehdir və əlbəttə, yaşayacaq". Xudavənd Rəbb belə bəyan edir" (Yez.18:14, 9).

Beləliklə, valideynləriniz sizə heç vaxt məhəbbət göstərməyibsə, Allah onların səhvləri üçün sizin və ya sizin uşaqlarınızın əzab çəkməyinizi istəmir. Allahın təminatını qəbul etməklə siz bir dəfə və həmişəlik o pis varisliyə son qoya bilərsiniz.

Sevgini göstərmək qabiliyyətsizlikdən başqa, rədd edilmənin ikinci nəticəsi də var. Mən deyərdim ki, rədd edilmə üç növ şəxs formalaşdırır: təslim olan şəxs, tutub saxlayan şəxs və müqavimət göstərən şəxs.

Əvvəlcə gəlin təslim olan şəxsə nəzərə salaq. Bu növ insan fikirləşir: «Mən bununla bacarmıram. Həyat mənim üçün həddindən artıq çətindir. Mən heç nə edə bilmərəm».

Öz təcrübəmdən deyə bilərəm ki, belə adamlara məsləhət verərkən mənfi emosiyaların və ya münasibətlərin getdikcə pisləşən siyahısı ilə rastlaşırıq:

- Rədd edilmə
- tənhalıq
- özünə yazıqlıq hissi
- bədbəxtlik
- məyusluq və ya ümidsizlik
- ölüm və ya intihar

Son nəticə faciəvidir. Çoxları, əlbəttə, buna çatmır, lakin bu, rədd edilmə ilə hərəkətə gətirilən prosesin məntiqi nəticəsidir. Bunun ölüm və ya intihar formasını alması hər şəxsin emosional vəziyyətindən asılıdır. Reaksiyaları çox passiv olan bir kimsə ölümün qurbanı olacaq. Rədd edilmə, faktiki olaraq, təbii hesab edilən ölümə səbəbdir.

Ölümə tərəf gedən şəxs daxilində ölmək arzusuna malikdir. "Kaş öləydim!", "Belə həyat nəyə lazım?" Belə sözləri nə vaxtsa demisinizmi? Bu, çox təhlükəli sözlərdir. Bu, ölüm ruhunu dəvət etməkdir.

Təzada görə, daha təcavüzkar münasibəti olan şəxs radikal həll axtararaq intihara əl atır və bununla onu incidən adamı cəzalandırmağı düşünür. O, belə düşünür: «Mən onlara göstərəcəyəm! İndi onlar da mənim kimi əzab çəkəcəklər».

Amerikada gənc adamlar arasında intihar hallarının sayı qorxuducudur. Milli Səhiyyə Mərkəzinin təqdim etdiyi statistikaya görə, beş və iyirmi dörd yaş arasında beş mindən çox gənc 1990-cı ildə özünə qəsd etdi.

Əksər hallarda bu intiharların müəyyən edilməmiş ilk səbəbi rədd edilmə idi. Onlar bunu sözlərlə ifadə edə bilmədilər, lakin bu gənc adamlar daxildə özlərini arzuedilməz və əhəmiyyətsiz hiss edirdilər.

Başa düşürsünüz ki, siz təsvir etdiyim əlamətlərin bəzilərinə maliksiniz? Əgər cavablarınızın üzərində nəzarəti itirdiyinizi görsəniz bilin ki, öz mənfi münasibətlərinizlə düzgün mübarizə aparmırsınız. İblis bu münasibətlərdən istifadə edərək onlara təsir göstərir.

Buna etinasızlıq göstərməyin. Öz probleminizə diqqət yetirməyiniz onun həllinə tərəf atdığınız bö-

RƏDD EDİLMƏNİN NƏTİCƏLƏRİ

yük addım ola bilər. Növbəti fəsildə bu pis təsir növünə qarşı necə dua etməyi sizə öyrədəcəyəm.

Rədd edilmənin istehsal etdiyi ikinci növ şəxs təslim olmaqdan imtina edir və özünə müdafiə quraraq müqavimət göstərir. Əslində isə bu, daxili əzabı və mübarizəni gizlədən bir örtükdür.

Adətən özü üçün müdafiə quran adam bir növ süni xoşbəxtliyi də yaradır. Həmin adam ünsiyyəti sevən kimi görünür, ancaq onun səsi boşdur, dəmirin cingiltisinə bənzəyir. Qadınlar adətən daha çox kosmetikadan istifadə edirlər. Onun jestləri həddindən artıq çox və böyük olur. Onun səsi xoş olmaqdansa daha çox ucadır. O, var gücü ilə xoşbəxt görünməyə çalışır, sanki yaralı deyil, daxilində problem yoxdur və həyatı mükəmməldir. Əslində isə o, ürəyində fikirləşir: «Mən elə yaralıyam ki, mən bir kəsə yenidən məni belə yaralamağa imkan verməm. Daha heç kimi özümə yaxın buraxmayacağam ki, məni yaralamasın».

Belə münasibət adətən xəyanətə cavab olaraq yaranır, bunu mən əvvəllər qeyd etmişdim. Bu gün cəmiyyətdə saysız-hesabsız, minlərlə belə adam var.

Üçüncü növ mübariz olur. Onun rədd edilməyə reaksiyaları adətən bu qaydada inkişaf etdirilir: birinci, rədd edilmə; ikinci, inciklik; üçüncü, nifrət; və nəhayət, üsyan. Müqəddəs Kitaba görə, üsyan cadugərlik ilə əkizdir.

> «...üsyankarlıq falçılığa bərabər günahdır, inadkarlıq isə özbaşınalıq və bütpərəstliyə bərabərdir» (1Şam.15:23).

Cadugərlik günahı yalançı ruhani təcrübələri axtarmaq, okkultizmdə iştirak etməkdir. Okkultizm ruhlar ilə ünsiyyət seanslar, horoskoplar, fala baxmaq, ekstrasenslik, narkotik maddələr kimi şeyləri özündə birləşdirir. Bu günah əsl üsyanın ifadəsidir. Bu, həqiqi Allahdan üz döndərərək yalançı bütlərə üz tutmaqdır. Bu, Allahın ilk əmrini pozmaqdır: «*Məndən başqa allahların olmasın*" (Çıx.20:3).

Əsasən 1960-cı illərdə böyüyən gənc adamların nəsli hiddətin, nifrətin, üsyanın və okkultizmin yolları ilə getdilər. Əvvəllər xatırlatdığım kimi, bu onlarda maddi şeylərin az olduğuna görə baş vermədi. Onlar sevilən kəslər olduqlarını hiss etmədilər, onların istədikləri yeganə şey elə bu idi.

İndi biz rədd edilmənin yaralarını sağaltmaq üçün İsanın nə etdiyini öyrənəcəyik.

Fəsil 5
ƏN BÖYÜK RƏDD EDİLMƏ

Allahın Müjdədə çatdırdığı hər şey fakta əsaslanır. Bu, üç mərhələdən ibarət olan tərəqqidə cəmləşə bilər: fakt, inam və hisslər.

Müjdə üç sadə fakta əsaslanır: Məsih Müqəddəs Yazılara müvafiq olaraq bizim günahlarımız üçün öldü, O dəfn edildi və üçüncü gün dirildi. 1Kor.15:34 göstərir ki, bu faktlar bütün Müjdənin əsasıdır. Bunlar faktlardır.

İman bu faktları mənimsəyir. İman faktlardan başlayır; onları qəbul edir, onlara iman edir və onlara uyğun hərəkət edir. Faktlardan və inamdan sonra hisslər gəlir.

İnamınız faktlara və ya hisslərə əsaslandığından asılı olaraq, həyatınız tam fərqli olur. İnamınız hisslərə əsaslanırsa, siz çox ziddiyyətli, sabit olmayan bir şəxs olacaqsınız. Vəziyyət dəyişdikcə hissləriniz də dəyişəcək, faktlar isə heç vaxt dəyişmir. Əgər biz məsihçilər kimi uğur qazanmaq istəyiriksə, faktlara inanmağı öyrənməliyik, hətta hisslərimiz bizi faktlardan şübhələnməyə məcbur edəndə belə.

Rədd edilmə üçün Allahın təminatını qəbul etməkdən ötrü iki əsas faktdan möhkəm tutmalısınız.

Hər şeydən əvvəl qeyd etməliyəm ki, Allah insanların müxtəlif ehtiyaclarının hər biri üçün fərdi təminat müəyyən etmədi. Allah adamların bütün ehtiyaclarını qarşılayan yeganə bir təminatı verdi: çarmıxda İsanın qurbanlıq ölümü.

İkincisi, çarmıxda baş verən mübadiləni Allah Özü planlaşdırmışdı. Günahlarımızın bütün pis nəticələrini İsa Öz üzərinə götürdü ki, əvəzində günahsız İsanın itaətkarlığının bütün faydaları bizə verilə bilsin. Bizim öz tərəfimizdən buna layiq olmaq üçün heç nə etməmişik və biz bunu tələb etmək üçün heç bir əsas və ya hüquqlara malik deyilik. Bu, yalnız Allahın ağlasığmaz sevgisindən baş verdi.

Buna görə də, sahib olduğumuzu güman etdiyimiz və ya xeyirxahlığımız əsasında Allaha yaxınlaşmaq faydasızdır. Bizim özümüzdən təklif etdiyimiz heç bir şey İsanın bizim üçün təklif etdiyi Qurban ilə müqayisə edilə bilməz. Bizim günahlarımız üçün ölən Allahın təmiz, müqəddəs Oğlu ilə müqayisədə *"...bütün saleh əməllərimiz murdar əskiyə bənzəyir"* (Yeş. 64:6b).

Növbəti ayələri oxuyanda çarmıxda baş vermiş mübadilənin müxtəlif aspektlərini aşkar edəcəksiniz.

"Məsih bizim uğrumuzda lənətlənərək bizi Qanunun lənətindən satın aldı. Çünki yazılıb: «ağacdan asılan hər kəsə lənət olsun!» Belə ki İbrahimin aldığı xeyir-dua Məsih İsada bütün başqa millətlərin üzərinə gəlsin və biz vəd edilmiş Ruhu iman vasitəsilə alaq" (Qal.3:13-14).

"Günahla əlaqəsi olmayan Məsihi Allah bizim uğrumuzda günah qurbanı verdi ki, biz Onda Allahın salehliyinə nail olaq" (2Kor.5:21).

ƏN BÖYÜK RƏDD EDİLMƏ

"Rəbbimiz İsa Məsihin lütfündən xəbərdarsınız: siz Onun yoxsulluğu vasitəsilə varlı olasınız deyə Özü varlı olduğu halda sizin uğrunuzda yoxsullaşdı" (2Kor.8:9).

"Allahın lütfü ilə hər kəsin uğrunda ölmək üçün mələklərdən az müddət ərzində aşağı tutulmuş Şəxsi, yəni İsanı görürük. Çəkdiyi ölüm əzabına görə Onun başına izzət və əzəmət tacı qoyuldu" (İbr.2:9).

Siz bu mübadiləni görürsünüzmü? Onun xeyir-duasını ala bilməyimiz üçün Məsih bizim lənətimizi Öz üzərinə götürdü. Bizə Öz salehliyini vermək üçün bizim günahımızı Öz üzərinə götürdü. Onun var-dövlətini ala bilməyimiz üçün O, bizim kasıblığımızı Öz üzərinə götürdü. Bizə həyat vermək üçün O, bizə görə öldü. Bu, ecazkar deyilmi?

Bu mübadilə, həmçinin xəcalət və rədd edilmə ilə də əlaqəlidir:

"Gözümüzü imanımızın Banisi və Kamilləşdiricisi olan İsaya dikək. O, qarşısına qoyulan sevincə görə rüsvayçılığı heç sayıb çarmıxa çəkilməyə tab gətirdi və Allahın taxtının sağında oturdu" (İbr.12:2).

İsa çarmıxda rastlaşdığı xəcalət və adamların təhqirindən yaxşı xəbərdar idi. Faktiki olaraq, çarmıxa çəkmənin əsas məqsədlərdən biri şəxsə xəcalət çəkdirmək idi. Adam çarmıxda çılpaq asılanda, yoldan keçənlər alçaldıcı sözlərlə atmacalar atırdılar və bəzən hətta ədəbsiz hərəkətlər də edirdilər ki, mən bunları təsvir etməyəcəyəm.

Yeşaya peyğəmbər yeddi əsr əvvəl İsanın əzabları barədə yazırdı:

"*Məni döyənlər üçün belimi açdım, üzümü saqqalımı yolanlara tərəf uzatdım. Təhqirlərdən, tüpürcəklərdən üzümü gizlətmədim*" (Yeş.50:6).

İsa bizim üçün çarmıxda istehzaya könüllü dözdü. Allah əvəzində bizə nə təklif edir? Yenidən biz Yeşaya peyğəmbərin sözlərinə nəzər salaq:

"*Çəkdiyiniz xəcalət yerinə ikiqat şərəf, rüsvayçılıq əvəzinə payınızı alıb sevinəcəksiniz. İndi isə torpağınızda ikiqat mülk alacaqsınız, sevinciniz əbədi olacaq*" (Yeş.61:7).

Allah bizə şərəf və sevinc təklif edir. İbr.2:10 bizə deyir:

"*Bir çox övladı izzətə çatdırmaq üçün onların xilasının Banisini əzablar vasitəsilə kamil etməsi Allaha münasib idi*".

Rüsvayçılığın və təhqirin əvəzində bizə sevinc, şərəf və izzət təklif edilir. İndi biz hamının ən dərin yarası olan rədd edilməyə nəzər salacağıq. İsa ikiqat rədd edilməyə məruz qaldı: birincisi adamlar tərəfindən, ikincisi Allah tərəfindən.

Yeşaya həmvətənləri tərəfindən İsanın rədd etməsini aydın təsvir edir:

"*Adamlar ona həqarətlə baxıb rədd etdi. O, dərdli, xəstəlikləri görən insan idi, adamlar ondan üz döndərdi, xor baxdı. Biz ona qiymət vermədik*" (Yeş.53:3).

Xilaskarımız ilə daha pis şeylər baş verdi. İsanın çarmıxda keçən son anlarını Matta belə təsvir edir:

"*Altıncı saatdan doqquzuncu saata qədər bütün yer üzünə qaranlıq çökdü. Doqquzuncu saata yaxın İsa uca səslə nida edərək dedi: «Eli, Eli, lema şabaq-*

tani?» Bu, «Ey Allahım, Allahım, niyə Məni tərk etdin?» deməkdir. Orada dayananların bəzisi bunu eşidərkən dedilər: «Bu Adam İlyası çağırır». Aralarından biri dərhal qaçıb bir süngər gətirdi, şərab sirkəsinə batırıb bir qamışın ucuna keçirərək İsaya verdi ki, içsin. O biriləri isə dedilər: «Onu rahat burax, görək İlyas gəlib Onu xilas edəcəkmi?» İsa yenə uca səslə qışqırıb ruhunu tapşırdı" (Mat.27:45-50).

Kainatın tarixində ilk dəfə Allahın Oğlu dua etdi, ancaq Ata Ona cavab vermədi. Allah Öz Oğlundan üz döndərdi. Allah Onun qışqırığına Öz qulaqlarını bağladı. Niyə? Çünki onda İsa bizim günahlarımızı Öz üzərinə götürmüşdü. Allahın İsaya olan münasibəti müqəddəs Allahın günaha münasibəti idi. Ata Onunla ünsiyyətdən imtina etdi; İsa tamamilə rədd edilmişdi. İsa Özü üçün düşünmədi, canını bizim üçün günah qurbanı olaraq təqdim etdi.

İsanın çarmıxda əzab çəkdiyi həmin ağır anda O, Arami dilində danışdı – bu, mənə çox təsir edir. Mən xəstəxanada adamlara baş çəkəndə belə davranışı görmüşəm. Adamlar çox böyük təzyiq altında, ümidsiz halda xəstə, ola bilsin, ölüm ayağında olanda onlar çox vaxt uşaqlıqda öyrəndikləri ilk dildə danışırlar. Mən dəfələrlə bunu müşahidə etmişəm, ancaq birinci arvadım Lidiya xüsusilə mənim yadımdadır. O, axırıncı nəfəsi alanda pıçıldadı: *"Tak for blodet; tak for blodet"*. Bu, onun doğma Danimarka dilində «Qana görə çox sağ ol; Qana görə çox sağ ol" deməkdir.

Bu ayələr İsanın insan olduğunu aydın təsvir edir: kəskin ağrı və əzab çəkərək, Onun fikirləri uşaqlıq dövründə danışdığı dilə qayıtdı. O, Arami dilində qışqırdı.

O dəhşətli qaranlıq barədə fikirləşin. O tənhalığı, tamamilə tərk edilmiş insanın hissini təsəvvür edin. İsa həm insanlar, həm də Allah tərəfindən tərk edilmişdir. Ola bilsin ki, siz və mən həyatımızda rədd edilmə ilə rastlaşmışıq, ancaq bu, İsanın rastlaşdığı qədər deyil. İsa rədd edilmə kasasını son acı damcılarına qədər içdi. O, çarmıxda bir neçə saat yaşamalı idi, ancaq ürəyi partladığına görə öldü. Onun ürəyi niyə partladı? Ən böyük *rədd edilməyə* görə.

Sonra dərhal baş verən çox faciəvi nəticəyə fikir verin: *"O anda məbədin pərdəsi yuxarıdan aşağıya qədər iki yerə parçalandı"* (Mat.27:51).

Bunun mənası nədir? Sadəcə odur ki, Allah ilə adamların arasında olan sədd yox edildi. İnsanın Allaha xəcalətsiz, günahsız, qorxusuz gəlməsi üçün yol açıq idi. Onun kimi Allah tərəfindən qəbul olunmağımız üçün İsa bizim rədd edilməyimizi Öz üzərinə götürdü. Parçalanmış pərdənin mənası budur. Atasının rədd etməsinə İsa dözə bilmədi. Ancaq şükürlər olsun ki, nəticədə bizim üçün Allaha birbaşa giriş açıqdır.

Görün Allah qəbul olunmağımızı necə təmin etdi: *"Bizə Məsihdə səmadakı hər cür ruhani nemətlə xeyir-dua verən Allaha – Rəbbimiz İsa Məsihin Atasına alqış olsun! O, dünya yaranmazdan qabaq bizi Məsihdə seçdi ki, biz məhəbbətdə Onun qarşısında müqəddəs və nöqsansız olaq. Öz iradəsinin xoş məramına görə İsa Məsih vasitəsilə bizi əvvəlcədən təyin etdi ki, Özü üçün övladlığa götürsün. Belə ki sevimli Oğlunda bizə bəxş etdiyi Öz lütfünün izzətini mədh edək"* (Ef.1:3-6).

Yaradılmadan əvvəl Allahın əbədi məqsədi nə idi?

Onun övladı olmağımız. Bu, yalnız İsanın çarmıxda əvəz ölümü sayəsində mümkün oldu. İsa bizim günahlarımızı və bizim rədd edilməyimizi Öz üzərinə götürəndə, O, bizim qəbul olunmağımız üçün yol açdı. Yalnız o vaxt ərzində Məsih Allahın Oğlu statusunu itirdi ki, biz Allahın oğulları və qızları statusunu əldə edə bilək. *"Öz iradəsinin xoş məramına görə İsa Məsih vasitəsilə bizi əvvəlcədən təyin etdi ki, Özü üçün övladlığa götürsün. belə ki sevimli Oğlunda (yəni, İsada) bizə bəxş etdiyi Öz lütfünün izzətini mədh edək"* (Ef.1:6). Bu, rədd edilmənin əvəzidir: İsa sizin üçün rədd olundu ki, siz Allah tərəfindən qəbul oluna biləsiniz.

Bu vəhyin dərinliyi barədə düşünün! Biz Allahın xüsusi sevgisinin və diqqətinin hədəfləriyik. Kainatda Allahın qayğı göstərəcəyi şeylərin siyahısında biz birinciyik.

O, bizi uzaq küncə itələyib demir: «Orada gözlə. Mən məşğulam. Mənim indi sənin üçün vaxtım yoxdur».

Heç vaxt mələk də demir: "Səs salma, Ata yatıb».

Allah deyir: «Gəl, içəri keç. Xoş gəlmisən. Mən səninlə maraqlanıram. Mən səni sevirəm və səni çox istəyirəm. Mən səni uzun müddət gözləmişəm».

İtmiş oğulun hekayəsində (Luka 15:11-32) Allahın bizə olan münasibətini gözü yolda qalan və oğlunu intizarla gözləyən ata təmsil edir. Heç kəs gəlib ona "oğlun gəlir" demədi. Oğlunun qayıtmasını bilən birinci ata idi. Allahın Məsihdə bizə olan münasibəti atanın münasibətinə bənzəyir. Biz rədd edilmirik; biz ikinci dərəcəli vətəndaşlar deyilik; biz qul deyilik.

İtmiş oğul evə qayıdanda xidmətçi olmaq istəyirdi. O, atasına belə demək niyyətində idi: «*Ata,... məni öz muzdlu işçilərinin biri kimi qəbul et"* (Luka 15:18-19). Lakin oğul günahlarını etiraf edərkən ata onun sözlərini kəsdi və ona *"məni öz muzdlu işçilərinin biri kimi qəbul et"* sözlərini deməyə imkan vermədi.

Əksinə, ata dedi: *"Ən gözəl xalat gətirin və onu geyindirin. Barmağına üzük və ayaqlarına çarıq taxın. Kökəldilmiş dananı gətirin, kəsin: gəlin yeyib-şadlanaq! Çünki bu oğlum ölmüşdü, yenə həyata qayıtdı. O itmişdi, tapıldı"* (Luka 15:22-24).

İtmiş oğulu salamlamaq üçün bütün ev əhli ayağa qalxdı. Göylərdə də belədir. İsa dedi: *"Göydə tövbə edən bircə günahkara görə tövbəyə ehtiyacı olmayan doxsan doqquz saleh insan üçün olduğundan daha çox sevinc olacaq"* (Luka 15:7). Allah Məsihdə bizi belə qəbul edir.

İki faktdan möhkəm tutmalısınız. Birincisi, Məsih çarmıxda bütün rüsvayçılıq, xəyanət, əzab və iztirab ilə birlikdə bizim rədd edilməyimizi də Öz üzərinə götürdü. Faktiki olaraq, O, partlamış ürəkdən öldü.

İkincisi, biz Onun rədd edilməsi sayəsində qəbul edilirik. Biz Sevgili Oğulda qəbul olunuruq. Bu, bir mübadilə idi. İsa bizim faydanı qəbul etməyimiz üçün şəri Öz üzərinə götürdü. Sevinci ala bilməyimiz üçün İsa kədəri Öz üzərinə götürdü.

Bəzən sizə yalnız bu iki faktdan möhkəm tutmaq gərəkdir. Bir neçə il bundan əvvəl bir böyük düşərgədə vəz etməyə çıxarkən yolumda əks istiqamətdə sürətlə gedən xanım ilə toqquşdum. Nəfəs almadan o mənə dedi: «Ah, Prins qardaş, mən dua edirdim ki, əgər Allah izin versə, sizinlə danışmaq üçün bizi görüşdürsün». «Yaxşı, biz görüşdük» – deyə mən ona dedim, – "Problem nədədir? Sizə təxminən iki dəqiqə verə bilərəm, çünki mən vəz etməliyəm».

O danışmağa başladı, ancaq yarım dəqiqədən sonra mən onun sözünü kəsdim. «Dayanın, mən sizin probleminizi başa düşdüm. Daha sizə qulaq asmağıma ehtiyac yoxdur. Sizin probleminiz rədd edilmədir. Məndə bu problemə cavab var. Qulaq asın. Məndən sonra bu duanın sözlərini ucadan təkrarlayın». Duanın sözləri ilə onu əvvəlcədən tanış etmədim. Mən hazırlaşmadan, sadəcə dua etdim və o təkrarladı:

"Ata Allah, məni sevdiyinə görə təşəkkür edirəm; Oğlun İsanı mənim yerimdə qurban verdiyinə görə Sənə minnətdaram; İsa mənim günahımı Öz üzərinə götürdü; İsa mənim rədd edilməmi Öz üzərinə götürdü; O, mənə görə cəza çəkdi. İsa vasitəsilə Sənin yanına gəldiyimə görə mən rədd edilmirəm; mən arzuedilməz deyiləm; mən kənar edilmirəm. Sən məni həqiqətən sevirsən. Mən həqiqətən Sənin övladınam. Sən həqiqətən mənim Atamsan. Mən Sənin ailənə mənsubam. Mən kainatda ən yaxşı ailəyə mənsubam. Səmalar mənim evimdir. Mən həqiqətən Sənə mənsubam. Ey Allah, şükür Sənə, şükür Sənə!"

Biz duanı bitirəndən sonra mən ona dedim: «Amin, xudahafiz, mən getməliyəm» və mən vəz etməyə getdim. Təxminən bir aydan sonra həmin xanımdan məktub aldım. Görüşümüzü xatırladandan sonra o yazırdı: «Mən sizə demək istəyirəm ki, mənimlə keçirdiyiniz o iki dəqiqə və etdiyim dua mənim bütün həyatımı dəyişdi. Mən başqa adam olmuşam".

Məktubu oxuyanda dua vaxtı onunla nəyin baş verdiyini başa düşdüm: o, rədd olunmadan qəbul olunmağa keçdi.

Allahın ailəsi ən yaxşı ailədir. Allahın ailəsinə bərabər heç bir ailə ola bilməz. Sizin ailəniz sizi istəmirdisə, doğma atanız sizi rədd etdisə, ananızın sizin üçün vaxtı daim olmayıbsa, əriniz sizə heç vaxt məhəbbət göstərməyibsə, yadınızda saxlayın: Allah sizi istəyir. Siz qəbul edilmisiniz; siz olduqca çox sevilirsiniz; siz Allahın xüsusi qayğısının və məhəbbətinin hədəfisiniz. Allahın kainatda etdiyi hər şey sizin xeyriniz üçün edilir.

Paul "əlaçı" məsihçilər olmayan Korinflilərə yazırdı: *"Bütün bunlar sizə görədir. Belə ki Allahın lütfü çoxalıb daha çox insana ehsan olunsun və Onun izzəti üçün daha çox şükür edilsin"* (2Kor.4:15). Hər şeyi Allah bizim üçün edir.

Siz bunu başa düşəndə lovğalanmamalısınız, əksinə, bu, sizi həlimləşdirəcək. Allahın lütfünü görəndə lovğalıq üçün yer qalmır.

Çarmıxa getməzdən əvvəl İsa Öz şagirdləri, eləcə də, onların sözü ilə iman edənlər üçün dua etdi (Yəh.17:20). Bu duada Allah bizim Atamız kimi əks olunur. Dua bu sözlərlə bitir:

"Ey ədalətli Ata, dünya Səni tanımadı, Mənsə Səni tanıdım, bunlar da Sənin Məni göndərdiyini bildilər. Sənin adını onlara bildirdim" (Yəh.17:25-26a).

İsa bizə Allahı necə göstərdi? Ata kimi. Yəhudilər on dörd əsr ərzində Allahı Yahve kimi tanıyırdı. Allahı Ata kimi yalnız Onun Oğlu təqdim edə bilərdi. Şagirdləri üçün dua edərkən İsa altı dəfə Allaha "Ata" deyərək müraciət etdi (ayələr: 1, 5, 11, 21, 24, 25).

İsa *"və yenə bildirəcəyəm"* deyə dua edəndə (26b) O, bizə Allahı Ata kimi göstərməkdə davam edəcəyi barədə danışırdı. Sonra biz bunun məqsədinə gəlirik:

"Sənin Mənə bəslədiyin məhəbbət onlarda olsun, Mən də onlarda olum" (Yəh.17:26c).

Məncə bu, İsanın bizdə olduğuna görə mümkündür. Allah bizi İsanı sevdiyi eyni sevgi ilə sevir. Biz Allaha İsa kimi əzizik. Lakin bunun başqa aspekti də var. İsa bizdə olduğuna görə biz Allahı İsanın Onu sevdiyi kimi sevə bilirik. Bu, İsanın yer üzündə xidmətinin əsas məqsədini təmsil edir: məqsəd Ata ilə Oğulun arasında mövcud olan eyni sevgi münasibətinə bizi gətirməkdir. Bunun iki aspekti var: birincisi, Ata İsanı sevdiyi kimi bizi sevir; ikincisi də odur ki, biz Atanı İsanın Onu sevdiyi kimi sevə bilərik.

Sevimli Həvari yazırdı: "Məhəbbətdə qorxu yoxdur, əksinə, kamil məhəbbət qorxunu qovar" (1Yəh.4:18). Allah ilə sevgi münasibətini inkişaf etdirdikdə təqsir, etibarsızlıq və ya rədd edilmə üçün heç bir yer qalmır.

Bəlkə sizin insani atanız barədə pis xatirələriniz var. Allah hər atanın övlada Özünü göstərməsini istəyir, ancaq bir çox ata bunu edə bilməyib. Lakin buna baxmayaraq, sizin səmavi Atanız var; O, sizi sevir, sizi başa düşür, sizin barənizdə çox yaxşı fikirləşir, sizin üçün ən yaxşı niyyətə malikdir. O, sizi heç vaxt tərk etməyəcək, sizi heç vaxt səhv başa düşməyəcək, heç vaxt sizə qarşı çıxmayacaq və heç vaxt sizi rədd etməyəcək.

Bəziləri üçün Məsihi və Allahın atalığını qəbul etmələri rədd edilmə problemini həll edir. Digərləri üçün isə problemi həll etməyə bu kifayət etmir. Əgər probleminizin hələ ki həll olunmadığını hiss edirsinizsə, siz köməyə ehtiyac duya bilərsiniz. Növbəti fəsildə mən sizin həyatınızda Allahın təminatını təsirli etməyin təcrübi yollarını izah edəcəyəm.

Fəsil 6

TƏMİNATI NECƏ TƏTBİQ ETMƏK OLAR

Siz Müqəddəs Ruha yaranıza zond salaraq ağrı və irinə səbəb olan yad cismi aşkar etməyə imkan verdiniz. Allahın təminatını qəbul etməyə indi hazırsınızmı? Əgər hazırsınızsa, siz bu beş ardıcıl addımı atmalısınız:

ADDIM 1. Probleminizi müəyyən edin və onu düzgün adlandırın: rədd edilmə. Allah həmişə bizi həqiqəti söyləmək anına gətirir; Onun köməyini qəbul etməzdən əvvəl hətta bu, məhvedici və çox ağrılı görünsə belə.

ADDIM 2. İsadan nümunə götürün. *"Məsih də sizin üçün əzab çəkdi və sizə nümunə oldu ki, siz də Onun izi ilə gedəsiniz"* (1Pet.2:21).

İsa rədd edilməni necə qarşıladı? Üç il yarım müddət ərzində O, Öz həyatını xeyirxah işlərə, günahı bağışlamağa, cinə tutulmuş adamları azad etməyə, xəstələrə şəfa verməyə həsr etmişdi. Həmin müddətin sonunda Roma hakimi İsanın xalqından olan Yəhudilərə seçim təklif etdi. O, həbsxanadan Nazaretli

TƏMİNATI NECƏ TƏTBİQ ETMƏK OLAR 39

İsanı və ya cinayətkar, siyasi üsyançı və qatil olan Barabbanı azad etməyi təklif etdi.

Bəşər tarixinin ən faciəvi qərarlardan biri ilə adamlar İsanı rədd etdi və Barabbanı seçdi. İzdiham qışqırdı: «Bu Adam öldürülsün! Bizə Barabbanı azad et!» Bunun cavabında İsa Onu çarmıxa çəkən adamlar üçün dua etdi: *"Ata! Onları bağışla, çünki nə etdiklərini bilmirlər"* (Luka 23:34).

Buna görə də, ikinci addım bağışlamaqdır. Bu, asan deyil. Əslində siz bunu tək edə bilməzsiniz. Lakin siz tək deyilsiniz. Bu ana çatanda Müqəddəs Ruh dərhal sizinlədir. Müqəddəs Ruha itaət etsəniz O, sizə ehtiyac duyduğunuz fövqəltəbii lütfü verəcək.

Siz deyə bilərsiniz: «Mənə zərər vuran adam artıq ölüb, niyə mən onu bağışlamalıyam?» Onun ölü və ya sağ olması əhəmiyyətli deyil. Bağışlamaq başqasına deyil, sizə gərəkdir.

Mən bu vəzi eşitmiş gözəl bir gənc məsihçi tanıyıram. O başa düşdü ki, illər boyu vəfat getmiş atasına qarşı acıqlılıq, inciklik, qəzəb və üsyan hissi gəzdirirdi. Öz həyat yoldaşını götürüb bir neçə yüz kilometr səfər edərək atasının dəfn edildiyi qəbiristanlığa yollandı. O, həyat yoldaşını avtomobildə qoyaraq atasının qəbrinə tək getdi. O, orada diz çökdü və növbəti bir neçə saat ərzində daxilindəki bütün zəhərli münasibətlərini boşaltdı. Atasını bağışladığını biləənə qədər dua etdi və ayağa qalxmadı. O, qəbiristanlıqdan çıxanda tamamilə başqa adam idi. Onun həyat yoldaşı bu gün şahidlik edir ki, onun əri tamamilə dəyişib. Ata ölmüşdü, ancaq onun hiddəti sağ idi.

Valideyn-uşaq münasibətləri haqqında xüsusilə vacib olan bir şey var. Gənc adamlar bunu yadda saxlamalıdırlar. On əmrdən yalnız birində vəd var: *"Allahın Rəbbin sənə əmr etdiyi kimi ata-anana hörmət et ki, ömrün uzun olsun"* (Qanun.5:16).

Siz buna əmin ola bilərsiniz: valideynlərinizə hörmət etmirsinizsə, güzəranınız heç vaxt xoş olmayacaq; amma hörmət edirsinizsə, Allah sizə uzun, xeyir-dualı həyat verəcək (Ef.6:2-3).

Siz mənə deyə bilərsiniz: "Anam fahişə, atam isə sərxoş olub. Onlara hörmət etməliyəm?" Bəli, etməlisiniz. Onlara fahişə və sərxoş kimi deyil, ananız və atanız kimi hörmət etməlisiniz. Bu, Allahın tələbidir.

Mən yenicə xilas olmuş və Müqəddəs Ruhla vəftiz olunmuşdum; valideynlərimdən çox bildiyimi düşünürdüm. Mark Tven bir neçə il ərzində uzaqda olandan sonra evə qayıtdı və valideynlərinin həmin vaxt ərzində nə qədər öyrəndiyini görüb təəccübləndi. Mən də ona bənzəyirdim, ancaq bir gün Allah mənə bu prinsipi göstərdi: əgər güzəranınızın xoş olmasını istəyirsinizsə, valideynlərinizə hörmət etməyi öyrənməlisiniz.

Valideynlərimin hər ikisi artıq vəfat edib, ancaq mən təşəkkür edirəm ki, onlara hörmət etməyi həqiqətən öyrəndim. Mən hesab edirəm ki, məhz buna görə güzəranım xoşdur.

Mən bu prinsipin hər iki tərəfini görmüşəm. Mən valideynlərinə hörmət edən və xeyir-dua alan adamları görmüşəm; valideynlərinə hörmət etməyən və həyatlarını heç vaxt xoş yaşamayan adamları da görmüşəm. Onların həyatlarına Allahdan heç vaxt tam xeyir-dua verilmədi.

Çox vaxt Allahın xeyir-duasına maneə törədən bağışlamamağın ruhudur. Bu prinsip həmçinin ər-ar-

vad münasibətinə də tətbiq edilir. Dua və azadlıq üçün yanıma gəlmiş bir xanımla danışmağım yadımdadır. Mən ona dedim: «Ərinizi bağışlamalısınız».
O dedi: «Həyatımın on beş ilini məhv edən və sonra başqa qadınla gedən ərimi?"
Mən dedim: «Həyatınızın qalan hissəsini də məhv etməsini istəyirsinizmi? Əgər istəyirsinizsə, ona qarşı incikliyi ürəyinizdə saxlayın. Məhz bu, həyatınızı məhv edəcək».
Yadda saxlayın ki, ən böyük əzabı incidən yox, inciyən kəs çəkir. Kimsə xora ilə adam haqqında demişdi: «Məsələ adamın nə yediyində deyil; məsələ nəyin adamı yediyindədir».
Bağışlama bir emosiya deyil; bu, qərardır. «Edə bilmirəm» deməyin, çünki bu halda "etməyəcəyəm" demiş olursunuz. "Etməyəcəyəm" deyə bilirsinizsə, "edəyəcəyəm" də deyə bilərsiniz. Cismani təbiətiniz bağışlamağa qadir olmaya bilər, ancaq siz özünüz üçün və sizin vasitənizlə başqaları üçün Allahdan mərhəmət diləyə bilərsiniz. Müqəddəs Ruh sizi bağışlamağa qadir edəndə (O, bunu mütləq edəcək), siz bağışlaya bilərsiniz (əgər istəsəniz).

ADDIM 3. Rədd edilmənin həyatınızda istehsal etdiyi inciklik, acıqlılıq, nifrət və üsyan kimi pis bəhrədən qurtulmağa aid şüurlu qərar qəbul edin. Qəbiristanlıqdakı o cavan oğlanı xatırlayın! Bu şeylər zəhərdir. Əgər siz ürəyinizdə onları bəsləsəniz, onlar bütün həyatınızı zəhərləyəcək. Onlar böyük emosional problemlərə, eləcə də, fiziki problemlərə səbəb olacaq. Qərar qəbul edərək deyin: «Mən inciklik, acıqlılıq, nifrət və üsyanı atıram».

Məsləhətçilər şəfa almış sərxoşlara deyirlər: «İnciklik kimi cah-calalı daha özünüzə rəva bilməzsiniz». Bu, hər birimizə aiddir. Heç kəs incikliyə rəva bilməz. Onun qiyməti həddindən çox böyükdür.

ADDIM 4. Bu mərhələdə siz Allahın sizin üçün artıq etdiyini qəbul etməli və buna iman etməlisiniz. *"Öz iradəsinin xoş məramına görə İsa Məsih vasitəsilə bizi əvvəlcədən təyin etdi ki, Özü üçün övladlığa götürsün. Belə ki sevimli Oğlunda bizə bəxş etdiyi Öz lütfünün izzətini mədh edək"* (Ef.1:5-6).

İsa vasitəsilə Allaha gələndə siz artıq qəbul olunduğunuzu aşkar edirsiniz. Allahın ikinci dərəcəli övladları yoxdur. Allah sizə qarşı dözümlü deyil. O, sizi sevir. O, sizinlə maraqlanır. O, sizin qeydinizə qalır. Bu ayədəki gözəl sözlərə fikir verin: *"O, dünya yaranmazdan qabaq bizi Məsihdə seçdi ki, biz məhəbbətdə Onun qarşısında müqəddəs və nöqsansız olaq. Öz iradəsinin xoş məramına görə İsa Məsih vasitəsilə bizi əvvəlcədən təyin etdi ki, Özü üçün övladlığa götürsün. Belə ki sevimli Oğlunda bizə bəxş etdiyi Öz lütfünün izzətini mədh edək"* (Ef.1:4-6).

Əzəldən Allahın məqsədi bizi Öz övladı etmək idi; O, buna bizim üçün çarmıxda qurban olan İsanın ölümü vasitəsilə nail oldu. Siz yalnız iman etməlisiniz ki, Allah sizi Öz övladı etmək istəyir. Siz İsa vasitəsilə Allaha gələndə, O, sizi artıq qəbul etmişdir.

ADDIM 5. Özünüzü qəbul edin. Bəzən bu, ən çətin addım olur. Mən məsihçilərə deyirəm: «Heç vaxt

TƏMİNATI NECƏ TƏTBİQ ETMƏK OLAR 43

özünüzü kiçiltməyin. Siz özünüzü yaratmadınız. Allah sizi yaratdı».

Efeslilərə məktubda, 2:10-da bizə deyilir: «Biz Allahın yaratdığı əsərlərik». "Əsər" kimi tərcümə edilən bu Yunan sözü əslində poema mənalı "poiema" sözüdür. Bu, incəsənət əsərinə aiddir. Biz Allahın şah əsəriyik. Allah yaratdığı şeylərdən ən çox vaxtı və qayğını bizə həsr etmişdi.

Təəccüblüdür ki, Allah materialı əldə etmək üçün zibilliyə getdi! Siz geriyə, öz səhvlərinizə baxaraq dağılmış nikahı, səhv yola getmiş uşaqları, maliyyə böhranını görə bilərsiniz. Siz özünüzü uğursuz hesab edə bilərsiniz, ancaq Allah sizi: «Mənim oğlum, Mənim qızım" adlandırır. Siz özünüzü qəbul edə bilərsiniz, çünki Allah sizi qəbul etmişdir. Siz İsa vasitəsilə Allaha gələndə yeni məxluq olursunuz.

"Deməli, kim Məsihdədirsə, yeni yaradılışdır, köhnə şeylər keçib-getdi, təzə şeylər gəldi. Bunların hamısı Allahdandır. O, Məsih vasitəsilə bizi Özü ilə barışdırdı və bizə barışdırma xidmətini verdi" (2Kor.5:17-18).

Artıq özünüzü Məsihdən əvvəlki həyat tərziniz əsasında qiymətləndirməməlisiniz, çünki siz yeni məxluq olmusunuz. Allahın Kəlamına uyğun Məsihdə olduğunuz yeni məxluqu dəfələrlə elan etsəniz köhnə danışıq tərzindən, mənfi düşüncədən azad olmağa başlayacaqsınız və özünüzü qəbul etməyi öyrənəcəksiniz.

Bu beş addımdan keçdinizmi? Keçdinizsə, öz azadlığınızı elan etməyiniz və Allah tərəfindən qəbul olunmağınız haqqında öyrəndiyinizi dua ilə möhürləməyinizin vaxtı çatmışdır.

Siz öz sözlərinizlə sadə dua edə bilərsiniz. Əgər çətinlik çəkirsinizsə, növbəti dua sizə kömək edə bilər:

Rəbb İsa Məsih, mən inanıram ki, Sən Xilaskarsan və Allaha aparan yeganə yolsan. Sən mənim günahlarıma görə çarmıxda öldün və üç gündən sonra dirildin. Mən günahlarımdan tövbə edirəm; Allah məni bağışladığı kimi mən də bütün başqa adamları bağışlayıram. Məni rədd edənləri, qəlbimi yarayanları, mənə məhəbbət göstərməyənləri bağışlayıram. Rəbb, inanıram ki, Sən məni bağışladın.

İnanıram ki, Sən məni qəbul etdin. Çarmıxda ölümünə görə mən indi qəbul edilirəm. Sən məni çox sevirsən, qeydimə qalırsan, məni Özünə əziz hesab edirsən, məni çox istəyirsən. Sənin Atan mənim Atamdır. Səmalar mənim evimdir. Mən Allahın ailəsinin üzvüyəm; bu, kainatda ən yaxşı ailədir. Sən məni qəbul etdin. Çox sağ ol! Çox minnətdaram!

Rəbb, məni Sən yaratmısan və mən özümü qəbul edirəm. Mən Sənin həmkarınam və mənim üçün etdiklərinə görə Sənə təşəkkür edirəm. Mən inanıram ki, Sən məndə yaxşı işi başlamısan və bu dünyadakı ömrümün sonuna qədər həmin işi sona çatdıracaqsan. Rəbb, həyatımdakı yaralardan öz xeyrinə istifadə edən zülmətdən, pis ruhdan məni azad etdiyinə görə Sənə şükür edirəm. Səndə sevinmək üçün ruhum azad oldu. Sənin əziz adınla dua edirəm. Amin.

Sizə əzab verən hər cür ruhdan indi azad olmaq vaxtıdır. Şər ruh sizin duaya qarşı mübarizə aparır. Müqəddəs Ruh onu sizə göstərəcək. Bu, rədd edilmə, inciklik, hiddət, nifrət, ölüm və ya başqa ruhdur. Onu adı ilə çağırın və onu rədd edin. Onun özünü hansı tərzdə göstərdiyi fərq etməz – nəfəs çıxarma ilə, hönkürtü ilə və ya qışqırıq səsi ilə onu qovun! Bu anı çox arzulayırdınız. İndi öz ləyaqətiniz barədə fikirləşməyin! Müqəddəs Ruhun sizə verdiyi bütün köməyi qəbul edin.

Azad olarkən Allaha ucadan şükür edin: «Rəbb, Sənə təşəkkür edirəm. Rəbb, Sənə şükür edirəm. Rəbb, Səni sevirəm! Azadlığa görə təşəkkür edirəm. Azad etdiyinə görə Sənə təşəkkür edirəm. Mənim üçün etdiyin hər şeyə görə Sənə təşəkkür edirəm".

Rəbbə təşəkkür etmək sizin azadlığınızı sanki möhürləyir. İndi siz yeni azad həyat üçün hazırsınız.

Fəsil 7

ALLAHIN AİLƏSİNƏ QƏBUL HAQQINDA

Tam qəbula nail olmaq daha bir çox vacib addım – Allahın adamları tərəfindən qəbul olunmaq qalır. Bu, Məsihin Bədənində öz yerinizi tapmaqdır. Biz məsihçilər heç vaxt təcrid olunmuruq. Biz başqa imanlılarla ünsiyyətdə olmaq üçün satın alınmışıq. Bu ünsiyyət bizim qəbul olunmağımızı gündəlik həyatımızda əks etdirir. Səmalarda Atamız tərəfindən qəbul olunma birinci və ən vacib addımdır. Lakin bu qəbul olunma bizim imanlı bacı-qardaşlarla münasibətimizdə əks olunmalıdır. Məsihçilərin hamısı bir bədəndir, ayrı-ayrılıqda isə hər biri Məsinin Bədəninin üzvüdür. Paul yazırdı: *"Bizim bir bədənimizdə çoxlu üzvlər olduğu halda onların hər birinin vəzifəsi heç də eyni deyil. Eləcə biz də çox olduğumuz halda Məsihdə bir bədənik və ayrı-ayrılıqda bir-birimizə bağlı üzvlərik"* (Rom.12:4-5).

Biz bir Bədənin üzvləriyik və hər birimiz digərlərinə mənsubdur, buna görə də başqa üzvlərdən ayrı olanda tam məmnunluğu, sülhü və ya qəbul olunmanı heç vaxt tapa bilmərik. *"Bədən tək üzvdən deyil, çox üzvdən ibarətdir. Ayaq «mən əl olmadığıma görə bədənə aid deyiləm» desə, bu səbəbdən bədəndən kənar deyil. Qu-*

laq «mən göz olmadığıma görə bədənə aid deyiləm» desə, bu səbəbdən bədəndən kənar deyil" (1Kor.12:14-16).

Siz bir Bədənin hissəsisiniz. Ola bilsin, siz ayaq, əl, qulaq və ya gözsünüz. Lakin Bədənin qalan hissəsindən kənarda natamamsınız və Bədənin qalan hissəsi də sizsiz natamamdır. Məhz buna görə Bədəndə öz yerinizi tapmaq çox vacibdir. *"Göz ələ «sən mənə lazım deyilsən» və yaxud baş da ayaqlara «siz mənə lazım deyilsiniz» deyə bilməz. Əksinə, bədənin daha zəif görünən üzvləri daha çox lazımlıdır, dəyəri az saydığımız bədən üzvlərini daha çox dəyərləndiririk, görünməyən üzvlərimizə də xüsusi qayğı göstəririk"* (1Kor.12:21-23).

Beləliklə, heç birimiz başqa imanlıya «mənim sənə ehtiyac yoxdur» deyə bilməz. Hamımızın bir-birimizə ehtiyacımız var. Üzvləri bir-birindən qarşılıqlı asılı etmək üçün Allah Bədən yaratdı. Üzvlərdən heç biri ayrı-ayrılıqda təsirli ola bilməz. Bu, hər birimizə aiddir. Bu, sizə də aiddir. Siz başqa üzvlərə ehtiyac duyursunuz, onlar da sizə ehtiyac duyurlar. Bədəndə öz yerinizi tapmağınız qəbul olunmanızı real, gündəlik təcrübəyə çevirəcək.

Əhdi-Cədid başqa bir nümunədə məsihçiləri vahid bir ailədə təsvir edir. Biz hamımız eyni ailənin üzvləriyik. İsanın şagirdlərinə öyrətdiyi o məşhur dua bu əhəmiyyətli *"Atamız"* sözü ilə başlayır. Bu, bizə iki şeyi deyir. Birincisi, Allah Atamızdır, O, bizi qəbul edib (şaquli istiqamət). Ancaq bu söz *"atam"* deyil, *"Atamız"*dır, yəni biz bir çox başqa uşaqlarla bərabər ailənin üzvləriyik. Biz bu ailədə öz yerimizi tapanda və bu yerə uyğunlaşanda qəbul olunmamız həyatımızda təcrübədə yaşanır (şaquli istiqamət). Beləliklə, biz şaquli istiqamətdə Allah, üfüqi istiqamətdə isə Allahın ailəsində qəbul olunmanı tapırıq. *"Deməli, artıq yad və qərib deyilsiniz, siz müqəddəslərlə birgə vətəndaş və Allah ailəsinin üzvüsünüz"* (Ef.2:19).

Başqa variant – özgə olmaqdır. Biz bu sözü xoşlamırıq. Mən 1963-cü ildə Birləşmiş Ştatlara köçdüm və 1970-ci ilə kimi vətəndaş olmadım. Yeddi il ərzində mən bu ölkədə özgə əcnəbi idim. Körpəlikdən vətəndaşlar olan əksər adamlar özgə əcnəbinin nə olduğunu təsəvvür edə bilmirlər.

Hər il yanvar ayında mən Ədliyyə Nazirliyinin formasını doldurara onlara harada yaşadığım barədə məlumat verirdim. Sualları olsaydı və ya məni ölkədən çıxarmaq istəsəydilər, onlar məni tapa bilməliydilər. Mən, həmçinin federal və ya yerli hakimiyyət orqanlarına seçkilərdə səs verə bilməzdim.

Başqa ölkədən qayıdanda pasport nəzarəti zamanı ABŞ vətəndaşları olmayanlar üçün nəzərdə tutulan ayrı sırada dayanmalı idim. Sonra mən pasportumla birlikdə özgə əcnəbi olduğumu bildirən balaca yaşıl kartı da təqdim etməli idim.

Vətəndaş ilə əcnəbi arasında bir çox fərq var. Əcnəbi ölkəyə mənsub deyil. Lakin Allah deyir: «Sən artıq əcnəbi deyilsən. Sən Mənə mənsubsan. Sən daxildəsən. Sən Mənim ailəmin hissəsisən». Ailədə öz yerinizi tapandan sonra bu söz həyatınızda təsirli olur. *"Allah kimsəsizlərə ev qurur"* (Zəb.68:6a).

Siz tənhasınız? Milyonlarla adamlar tənhadır. Onlar bilmirlər ki, Allah tənha adamlar üçün ailə təmin etmişdir. *"Əsirləri firavanlığa çıxarır. Günahkarlar isə quru yurdda yaşayır"* (Zəb.68:6b).

Allahın məqsədi sizi ailəyə gətirməkdir. Bununla O, sizi buxovlayan zəncirləri qırır və sizi xoşbəxtliyə gətirir. Allahın rəhbərliyindən imtina edən adamlar quraqlıqda yaşayır.

Allahın ailəsinin üzvü necə olmaq olar? Siz müxtəlif ad (kilsə, cəmiyyət, missiya və s.) ilə adlanan qrupların birinə qoşula bilərsiniz. Ad vacib deyil. Ancaq sizi həqiqətən qəbul edən qrupu tapmaq həmişə asan olmur. "Nikah Əhdi" kitabımda doqquz sualı sadalayıram. Qrupa qoşulmazdan əvvəl hər kəs bu sualları verməlidir:

1. Onlar Rəbb İsa Məsihə ehtiram edirlərmi?
2. Onlar Müqəddəs Kitabın səlahiyyətinə hörmət edirlərmi?
3. Onlar Müqəddəs Ruhun işləməsinə imkan verirlərmi?
4. Onlar mehribançılıq və dost münasibəti göstərirlərmi?
5. Onlar gündəlik həyatda öz inamlarını tətbiq etməyə can atırlarmı?
6. Onlar bir-birləri ilə xidmətdən kənara çıxan münasibətlər qururlarmı?
7. Onlar sizin bütün lazımi ehtiyaclarınızı qarşılayan pastor qayğısını təmin edirlərmi?
8. Onlar başqa məsihçi qruplarla dini cəmiyyətin üzvlüyünə qəbul etmək üçün açılırlarmı?
9. Onların arasında özünüzü sərbəst və evdəki kimi hiss edirsinizmi?

Əgər cavabların hamısı və ya əksəriyyəti müsbətdirsə, Allahdan dəqiq istiqaməti alana qədər Ondan məsləhəti axtarmaqda davam edin. Yadda saxlayın ki, siz mükəmməl qrup tapmayacaqsınız.

İndi siz tənhalıq və özgəlik hissindən azad olmağın yolunu bilirsiniz. Canlı Bədənin üzvü olun. Öz yerinizi və öz vəzifənizi tapın – bu halda siz xoşbəxt olacaqsınız.

"Nikah Əhdi" adlı kitabımın sonunda mən Allahın adamları arasında öz yerini tapmağa çalışan hər kəs üçün dua nümunəsini təklif edirəm. Mən həmin duanı bura da daxil edirəm. Əgər bu dua hisslərinizi ifadə edirsə, onu oxuyun və öz sözlərinizlə dua edin.

Səmavi Ata, mən tənha və narazı olduğumu etiraf edirəm. Mən daim «Sənin evində yaşamaq» (Zəb.84:4), sədaqətli imanlıların ruhani ailəsinin üzvü olmaq istəyirəm. Əgər məndə buna bir maneə varsa, xahiş edirəm, onu məndən uzaqlaşdır. Məni bir qrupa istiqamətləndir ki, mən daha tənha olmayım, məmnun olum. Lazımi öhdəliyi üzərimə götürməkdə mənə kömək et. İsanın adı ilə. Amin.

Əgər bu duanı ürəkdən və səmimi etdinizsə, söz verirəm: həyatınızda nə isə baş verəcək. Allah hərəkət edəcək. O, sizə yeni istiqamət və yeni cəmiyyət verəcək. O, sizin üçün yeni qapıları açacaq. O, quraqlıq torpaqdan sizi çıxaracaq və sizi Öz Bədəninin hissəsi və ailəsinin üzvü edəcək.

Fəsil 8

İLAHİ SEVGİNİN AXINI

İndiyədək nəzər saldığımız məlumatı qısaca gözdən keçirək. Biz öyrəndik ki, adamların əksəriyyəti rədd edilmənin, xəyanət və rüsvayçılığın ruhani yaralarından əziyyət çəkir. Buna səbəb valideyn etinasızlığı, boşanma, təhqir və uşaqlarla sərt rəftar ola bilər.

İsa çarmıxda bir neçə mübadilə vasitəsilə bizim yaralı ruhumuza şəfa təmin etdi. Allah və Allahın ailəsi tərəfindən qəbul edilə bilməyimiz üçün Məsih Allah və adamlar tərəfindən rədd edildi. Onun şöhrətində olmağımız üçün O, rüsvayçılığı Öz üzərinə götürdü. Bizə Öz həyatını vermək üçün Məsih bizim yerimizdə öldü.

Məsihin işini dərk edənlər azad olurlar, digərləri isə daha sonrakı tədbirlərə ehtiyac duya bilər. Buna görə də:

1. İmkan verin Müqəddəs Ruh sizə necə və ya harada rədd edilmə nəticəsində yaralandığınızı göstərsin.
2. Sizə zərər yetirmiş adamları bağışlayın.
3. Rədd edilmənin hiddət, inciklik, nifrət və üsyan kimi dağıdıcı bəhrələri kənara atın.

4. Allahın Məsihdə sizi qəbul etdiyini bilin.
5. Özünüzü qəbul edin.

Rədd edilmə nəticəsində insan sevgini qəbul edə bilmir və sevməyi bacarmır. Məhz buna görə rədd edilmə ilahi sevgiyə böyük maneədir. Allah bizim həyatımızda işləyir ki, biz ilahi sevgini dərk edə bilək. Mən bu fəsildə Allahın bizə olan sevgisi barədə danışmayacağam. Daxilimizə axın edən və bizdən axıb adamlara tərəf yönələn Allahın sevgisindən danışacağam. Bu prosesdə iki ardıcıl mərhələ var: əvvəlcə Allahın sevgisi axın ilə gəlir; bundan sonra Allahın sevgi bizim vasitəmizlə adamlara istiqamətlənir. Birinci mərhələ nəhəng fövqəltəbii təcrübədir; ikinci mərhələ isə tədricən, tərəqqi ilə bizdə ilahi xarakterin formalaşmasıdır.

İlahi məhəbbəti adi insan sevgisi ilə müqayisə etmək faydalıdır. Gəncliyimdə Vilyam Şekspirin yazılarına xüsusilə heyran idim. Şekspiri iki mövzu xüsusilə maraqlandırırdı: sevgi və ölüm. O ümid etdi ki, sevgi hansısa bir yolla ölümdən yan keçməyi təmin edəcək.

Şerlərin birində «qara xanım» kimi tanınan bir qəhrəman meydana çıxır. Aydındır ki, Şekspir onu çox sevirdi, ancaq bu, birtərəfli məhəbbət idi. Şeirlərinin birində Şekspir yazır ki, xanım hətta qocalsa belə, bu şeir onu ölməz edəcək.

De, necə bənzədim yaya mən səni?
Özün daha odlu, daha gözəlsən.
Tufan məhv eyləyir yazda gülşəni,
Yay da tez ötüşür ömürdən, bilsən.
Bəzən göyün gözü odlanır, yanır,
Bəzən də gizlənir duman içində.

Gözəllik də sona çatıb dayanır, —
Təbiət yox edir bir an içində.
Faqət sənin yayın sovuşa bilməz,
Sənin gül hüsnünü tutmaz bir pərdə.
Ölümün kölgəsi üstünə gəlməz
Mənim şerlərim dil açan yerdə.
Neçə ki həyat var, göz görür, inan,
Şerimdə əbədi yaşayacaqsan.

Şekspir xanıma öz şeirinin ölməzliyini verə bildi. Şeir dörd yüz il yaşadı, qadın isə vəfat etdi.

Şekspir sevgiyə çox yüksək ümidlər bağlayırdı və çox ehtimal ki, o, məyus oldu. Özüm də buna bənzər təcrübə yaşadığıma görə onun məyusluğunu başa düşürəm.

İyirmi beş il ərzində mən poeziyada, fəlsəfədə və dünyada daimi olan məmnunluğu nə qədər çox axtarırdımsa, o qədər də az məmnun olurdum. Heç bilmirdim nə axtarırdım. Lakin Rəbb mənə Özünü göstərəndə və Müqəddəs Ruhla məni vəftiz edəndə hər vaxt axtardığımın nədən ibarət olduğunu dərhal bildim. Mən iyirmi il imanlı cəmiyyətinə getdiyim müddətdə heç kəs mənə bu haqda deməmişdi. Allah ürəyimi hədsiz məhəbbətlə doldurdu və bu məhəbbət məni tam məmnun etdi.

İndi biz Şekspirin deyil, Allahın sevgisi ilə adamları sevəndə nə baş verdiyini tədqiq edəcəyik. Romalılara Məktubda oxuyuruq:

"Ümidimiz də boşa çıxmır, çünki Allah məhəbbəti bizə verilən Müqəddəs Ruh vasitəsilə ürəklərimizə tökülüb" (Rom.5:5).

Allah mərkəzdə olanda ümid və ya sevgi heç vaxt məyus etmir, çünki Allahın bütöv sevgisi bizim ürəklərimizə tökülüb. Allah heç nəyi bizdən tutub saxlamır. O, bizə Müqəddəs Ruhu verəndə qabı başı-aşağı tutur və bütün xeyir-duaları tökür.

II Dünya Müharibəsi zamanı Britaniya ordusunda tibb növbətçisi qismində xidmət etdiyim dövrdə dörd il yarım xaricdə, əsasən Şimalı Afrikada yaşadım, sonra Fələstində. Sərt, quru səhra olan Sudanda bir il keçirdim. Adi insan fikrinə görə, Sudan və ya Sudan əhalisi heç də cazibədar deyildi. Lakin mən Müqəddəs Ruhla vəftiz olunmuşdum və Allah orada mənim taleyimi mənə göstərmişdi. Allah mənə sudanlılara qarşı fövqəltəbii sevgini verməyə başladı.

Ordu məni şimali Sudanda Atbara adlanan dəmiryol qovşağında qısa müddətliyə yerləşdirdi. Mən hərbi xəstələr üçün nəzərdə tutulan kiçik qəbul stansiyasına başçı idim. Məncə orada üç çarpayı var idi. Mən şəhərdəki mülki həkimlə əməkdaşlıq edirdim, ancaq hərbi karyeramda özüm özümə ağa idim. Həmçinin, yatmaq üçün mənim ilk dəfə çarpayım var idi. Bundan başqa, bu qəbul stansiyasına ayrılan təchizatın arasında ağ, uzun gecə köynəkləri var idi. Artıq üç il idi ki, alt paltarımda yatırdım və mən bundan bezmişdim. Bu imkandan istifadə etdim və hər axşam uzun flanel gecə köynəyini geyinir və çarpayıda yatırdım.

Bir gecə yataqda olanda Sudanın əhalisi üçün vəsatətçilik duasını edirdim. Allahın Ruhu üzərimə gəldi. Təbii bəşəri hisslərimə qalsaydı, onlar üçün dua etməzdim, ancaq mən yata bilmirdim, daxildən mütləq onlar üçün dua etmək tələbini hiss etdim və başa düşdüm ki, bu, Müqəddəs Ruhun təkanı idi. Öz bəşəri düşüncə və ya emosiya ilə nail ola bildiyim səviyyədən müqayisə olunmaz dərəcədə yüksəkdə olan fövqəltəbii sevgi ilə dua edirdim.

Gecəyarısı durub otaqda addımlamağa başladım. Qəfildən gördüm ki, uzun ağ gecə köynəyim əslində işıq saçırdı. Başa düşdüm ki, o qısa anlar ərzində, mən bizim böyük Səmavi Vəsatətçimiz Rəbb İsa kimi olmuşdum.

Sonralar ordu məni Qırmızı dəniz təpələrində yerləşən bir yerdə kiçik xəstəxanaya göndərdi. Orada yaşayan yerli tayfa *Hadundava* adlanırdı. Onlar İslam dinindən başqa heç bir din bilməyən vəhşi, sərt adamlar idilər. Təxminən ondan yüz il əvvəl onlar britaniyalılara qarşı qısamüddətli müharibə etmişdilər. Britaniyalı əsgərlər hadundavalılara «vızbaş» ləqəbi verdilər, çünki bu adamlar gur saçlarını ət piyi ilə başlarından 20 sm hündürlükdə kol kimi qaldırırdılar.

Əsgər yoldaşlarımın hamısı narazı idi, mən isə orada həyatımın ən xoşbəxt aylarından olan səkkizini keçirdim, çünki Allah mənə o adamlara qarşı Öz sevgisini vermişdi. Nəticədə, mən Məsih barədə eşitməyən Hadundava tayfasının birinci üzvünü Rəbbə gətirdim. Mən gedəndə o kişi və o yer ilə ayrılmaq çox çətin idi.

O vaxt Sudanda mən adamlara qarşı Allahın sevgi *axını* hissini az yaşadım. Sonra isə başa düşdüm ki, öz xarakterimdə Allahın sevgisini inkişaf etdirməliyəm.

Təxminən bir il sonra Fələstində birinci həyat yoldaşım Lidiya və onun qeydinə qaldığı qızları görəndə Rəbb Öz ecazkar sevgisi ilə mənim ürəyimi yenidən doldurdu. Onda nə Lidiya, nə də mən nikah haqqında düşünmürdük, ancaq nəticədə biz evləndik. Allah bir daha ürəyimə Öz fövqəltəbii sevgisini tökdü, ancaq bu da məni lazım olduğum şəxs etmədi. Mən çox vaxt eqoist, tündməcaz, səbirsiz, xudbin və qeyri-həssas olurdum; bunların heç biri Məsihin xarakterində və ya təsvirində olmamışdı.

Mən nəticəyə gəldim ki, Allahın fövqəltəbii sevgi axını təcrübəsi çox gözəldir, ancaq xarakterimizi formalaşdırmaq üçün çox çalışmalıyıq. Allah sevginin fövqəltəbii axını mərhələsindən bizi yeni mərhələyə keçirərək Öz sevgisini ardıcıl surətdə ifadə edən xarakteri formalaşdırmalıdır. Bu, bir proses, uzun prosesdir və bizi yekun nöqtəyə çatdırmaq üçün Allahın səbri gərəkdir.

Xarakter formalaşdıran bu prosesdə Allahın Kəlamındakı ilahi sözlər həyati əhəmiyyətli rol oynayır.

"Kim «Onu tanıyıram» deyir, amma Onun əmrlərinə riayət etmirsə, yalançıdır və onun daxilində həqiqət yoxdur. Lakin kim Onun sözünə riayət edirsə, Allah məhəbbəti onda, həqiqətən, kamilliyə çatıb. Bundan bilirik ki, biz Allahdayıq. Kim Onda qaldığını deyirsə, İsa Məsihin həyat sürdüyü kimi həyat sürməlidir" (1Yəh.2:4-6).

Fikir verin ki, bu ayədə Allahın Ruhu deyil, Allahın Sözü qeyd edilir. Biz fövqəltəbii təcrübə haqqında danışmırıq; biz Allahın Kəlamında xasiyyətin yavaş-yavaş, sabit formalaşmasından danışırıq. Bu, ardıcıl surətdə Kəlama itaət etməkdən gəlir. Məsihin rəhbərliyini səmimi izləyiriksə, Müqəddəs Yazılara Məsih kimi itaətkarlıq göstəririksə, Allahın sevgisi tədricən bizi mükəmməlləşdirəcək və ya yetkin edəcək.

Bu ayə sikkənin iki üzünə bənzəyir. Bir tərəfdən,

Allaha olan sevgimizin sübutu Onun Sözünə itaət etməyimizdir. Allahı sevdiyimizi deyib Onun Sözünə itaət etmiriksə, fayda olmur. Digər tərəfdən, Onun Kəlamına itaət edəndə Allah bizim xarakterimizə Öz sevgisini daxil edir. Bu iki aspekt bir-birindən ayrıla bilməz, çünki onlar bir yerdə bütövlük təşkil edir.

Həvari Peterə görə, xarakterin formalaşması prosesi yeddi ardıcıl mərhələdən ibarətdir:

"Bütün səylə imanınıza alicənablıq, alicənablığınıza bilik, biliyinizə nəfsə hakim olmaq, nəfsə hakim olmağınıza dözüm, dözümünüzə möminlik, möminliyinizə qardaşlıq sevgisi və qardaşlıq sevgisinə məhəbbət əlavə edin" (2Pet.1:5-7).

Biz təməldən başlayırıq. «*Bütün səylə imanınıza alicənablıq əlavə edin*». İlahi işin başlanğıc nöqtəsi inamdır. Başlamaq üçün başqa bir yer yoxdur. Lakin Allah bizə inamı verəndən sonra xasiyyətin inkişafı prosesi olmalıdır.

Gəlin xasiyyətin inkişafında bu yeddi ardıcıl addıma nəzər salaq. Bunları 2Pet.1:5-7-də tapırıq.

"İmanınıza alicənablıq əlavə edin".

Alicənablıq məsihçiləri fərqləndirir. Etdiyiniz heç bir işi başdansovma etməyin. Əgər siz xilas olmazdan əvvəl qapıçı idinizsə, xilasdan sonra daha yaxşı qapıçı olun. Əgər müəllim idinizsə, xilasdan sonra daha yaxşı müəllim olun.

Mən beş il ərzində Keniyada pedaqoji məktəbin rəhbəri idim. Əsas məqsədim tələbələrimi Məsihə gətirmək idi. Məsihi qəbul edəndən və Müqəddəs Ruhla vəftiz olandan sonra onlar bəzən deyirdilər: «İndi mənə güzəşt edin» və ya «Məndən az tələb edin, çünki mən məsihçiyəm».

Mən isə cavab verirdim: «Əksinə, indi sizdən tələb daha çoxdur. Əgər Məsihi tanımadan, vəftiz olmadan siz müəllim idinizsə, Məsihi tanıyandan və vəftiz olandan sonra siz ikiqat yaxşı müəllim olmalısınız. Mən daha az yox, daha çox şey gözləyirəm».

Allah mənim əlaçı olmaq səylərimi mükafatlandırdı. Həmin kollecdə üçüncü il idi ki, rəhbər idim. Əlli yeddi əla təhsil almış kişi və qadın diplom alırdı. Buraxılış imtahanlarında hər bir tələbə hər bir fənn üzrə yaxşı qiymət aldı. Keniya hökumətinin təhsil şöbəsinin bir nümayəndəsi gəlmişdi; o, pedaqoji məktəblərə görə cavabdeh idi. O, məni şəxsən təbrik etdi və dedi: «Bütün hesabatlarımızda hələ ki, belə nəticələr olmayıb». Buna yalnız səbəb var idi: Müqəddəs Kitabın əlaçı olmaq tələbinə itaət göstərməyimiz. İmtahan nəticələrimiz dərc edə biləcəyimiz doktrinaya aid kitabçalardan daha çox dünyəvi hakimiyyət orqanlarında təəssürat yaratdı. Məsihçilər başdansovma həyat tərzinə haqq qazandıra bilməzlər. Əslində, başdansovma hərəkətləri ilə məsihçi öz inamını inkar edir.

"Alicənablığınıza bilik əlavə edin".

Bu, hər şeydən əvvəl Allahın iradəsini və Müqəddəs Kitabı bilməyə aiddir. Dünyəvi bilik əldə etmək çox vaxt əhəmiyyətlidir, xüsusilə peşəniz üçün zəruri bacarıq əldə etmək üçün. Lakin hər bir vəziyyətdə həyatınıza aid Allahın iradəsini öyrənmək daha vacibdir. Bunu yalnız Allahın Kəlamını tam öyrənmək vasitəsilə aşkar etmək olar.

"Biliyinizə nəfsə hakim olmaq".

Özünüzü, emosiyalarınızı, sözlərinizi, iştahanızı və sizi həvəsləndirən bütün şeyləri idarə etməyi öyrənməsəniz xasiyyətinizi daha inkişaf etdirə bilməyəcəksiniz.

"Nəfsə hakim olmağınıza dözüm əlavə edin".

Buna fikir verin! Yenə də, dözüm olmasa irəliləyə bilməyəcəksiniz. Əks təqdirdə, inkişafın növbəti mərhələsinə keçmək lazım olanda hər dəfə təslim olacağınız.

"Dözümünüzə möminlik əlavə edin".

Müqəddəs Ruha öz xasiyyətinizi və varlığınızın hər bir aspektini idarə etməyə imkan verəndə salehlik və ya müqəddəslik inkişaf etdirilir.

"Möminliyinizə qardaşlıq sevgisi".

Bu, dünyaya bizim ümumi şahid ifadəmizdir. İsa dedi: *"Əgər bir-birinizə məhəbbətiniz olsa, bütün insanlar biləcək ki, siz Mənim şagirdlərimsiniz"* (Yəh.13:35).

"Qardaşlıq sevgisinə məhəbbət əlavə edin".

Bu, Allahın nöqsansız, ideal, mükəmməl sevgi növüdür. O, Müqəddəs Ruh ürəklərimizə Allahın sevgisini tökəndə başlayır. Lakin xasiyyətimiz inkişaf etdiriləndə ilahi məhəbbət öz kulminasiyasına çatır. Qardaş sevgisi ilə ilahi sevgisinin arasında fərq ondadır ki, qardaşlıq sevgisi ilə bizi sevən məsihçi bacı-qardaşımızı sevirik; ilahi sevgi ilə isə bizi təqib edənləri, bizə nifrət edənləri, ümumiyyətlə xoşagəlməz və xainləri sevirik.

Bu, bizi düz rədd edilmə probleminə qaytarır. Yaranızın sağalmasının dəlili nədir? Sizi sevməyən valideyninizin yanına gedib *"səni sevirəm"* deyə bilərsinizmi? Keçmiş həyat yoldaşınız üçün dua edərək ona Allahın xeyir-duasını diləyə bilərsinizmi? Bu, dünyada ən qeyri-təbii şeydir. Allahın sevgisi də fövqəltəbiidir, öz gücümüzlə edə biləcəyimiz bütün şeylərdən üstündür.

Rədd edilmənin, satqınlığın və rüsvayçılığın törətdiyi yaraların şəfası nəticəsində üzərimizə gələn bütün xeyir-duaların ən böyüyü ilahi məhəbbətdir. Siz yaralı olan insanlara ilahi sevgini çatdıran Allahın qabı ola bilərsiniz.

MÜƏLLIF HAQQINDA

Derek Prins (1915-2003) Hindistanda britaniyalı ailədə doğuldu. O, İngiltərədə Eton Kollecində və Kembricin King's Kollecində yunan və latın dilləri üzrə təhsil alıb alim oldu; King's Kollecində Qədim və Müasir Fəlsəfə üzrə dərnəyə rəhbərlik edirdi. Prins Kembricdə və Yerusəlimdə İbrani Universitetində İbrani, Arami, həmçinin müasir dilləri öyrənib. Tələbə ikən o, filosof olub və özünü aqnostik elan edib.

II Dünya müharibəsi ərzində Britaniya Tibb Korporasiyalarında olarkən Prins fəlsəfi iş kimi Müqəddəs Kitabı oxumağa başladı. İsa Məsihlə möhtəşəm görüşü nəticəsində imana gəldi, bir neçə gün sonra Müqəddəs Ruhla vəftiz olundu. Bu görüşdən o, iki nəticə çıxartdı: İsa Məsih sağdır və Müqəddəs Kitab həqiqi, bizə aid müasir kitabdır. Bu nəticələr onun həyatının gedişini tam dəyişdi. O, sonrakı həyatını Allahın Kəlamı olan Müqəddəs Kitabı öyrənməyə və öyrətməyə həsr etdi.

1945-ci ildə Yerusəlimdə ordudan tərxis olunandan sonra o, oradakı uşaq evinin banisi olan Lidiya Kristenslə evləndi. Evlənən kimi o, Lidiyanın övladlığa götürdüyü altı Yəhudi, bir Fələstin ərəbi və bir ingilis uşaqlarının – səkkiz qızın atası oldu. Birlikdə ikən, ailə 1948-ci ildə İsrail dövlətinin bərpa olunmasına şahid oldular. 1950-ci illərin sonunda Prins Keniyada pedaqoji məktəbin rəhbəri vəzifəsində xidmət edərkən ailə daha bir qızı övladlığa götürdü.

1963-cü ildə Prins Birləşmiş Ştatlara köçdü və Sietlda bir kilsədə pastorluq etdi. 1973-cü ildə Prins "Amerika Vəsatətçiləri"nin banilərindən biri oldu. Onun *"Dua və oruc vasitəsilə tarixi dəyişmək"* kitabı bütün dünya məsihçilərini öz hökumətləri üçün dua etmək məsuliyyətinə oyatmışdır. Bir çoxları bu kitabın gizli tərcümələrini SSRİ-də, Şərqi Almaniyada və Çexoslovakiyada kommunist rejimini dağıdan alət hesab edir.

Lidiya Prins 1975-ci ildə vəfat etdi, 1978-ci ildə Prins üç uşağı övladlığa götürmüş tənha ana Ruz Beykerlə evləndi. Birinci həyat yoldaşı kimi, ikinci həyat yoldaşı ilə də o, Yerusəlimdə Rəbbə xidmət edərkən görüşdü. Ruz 1981-ci ildən yaşadıqları Yerusəlim şəhərində 1998-ci ilin dekabr ayında vəfat etdi.

2003-cü ildə səksən səkkiz yaşında vəfat etməzdən bir neçə il əvvəl Prins Allahın ona etibar etdiyi xidməti inadla davam edərək dünyaya səyahət etdi, Allahın açıqladığı həqiqətlərlə bölüşdü, xəstə və əzab çəkənlər üçün dua etdi, Müqəddəs Kitaba əsaslanan peyğəmbərliklərlə dünyada baş verən hadisələrlə bölüşdü. Beynəlxalq səviyyədə Müqəddəs Kitab alimi, ruhani patriarx kimi tanınan Derek altmış ildən çox altı qitəni əhatə edən təlim xidmətini qurdu. O, əllidən çox kitabın, altı yüz audio dərsliyin və yüz video dərsliyin müəllifidir; bunların çoxu yüzdən çox dilə tərcümə olunaraq nəşr edilmişdir. O, nəsilliklə lənət, Müqəddəs Kitabda İsrailin əhəmiyyəti və demonologiya kimi belə innovasiya mövzularının tədrisində aparıcılıq edib.

1979-cu ildə başlamış Prinsin radio verilişi təxminən iyirmi dilə tərcümə edilmişdir və həyatlara toxunmağa davam edir. Aydın və sadə yolla Müqəddəs Kitabı və onun təlimlərini izah etməkdən ibarət olan Derekin əsas ənamı milyonlarla insanlara iman təməlini qurmağa kömək etmişdir. Məzhəb və təriqətdən üstün olan yanaşması onun təlimini bütün irq və dindən olan adamlar üçün həm münasib, həm də faydalı etmişdir; yer kürəsi əhalisinin yarısından çoxu onun təlimi ilə tanışdır.

O, 2002-ci ildə dedi: «Arzu edirəm və əminəm, Rəbb də bunu arzu edir, bu Xidmət, Allahın altmış il əvvəl mənim vasitəmlə başladığı iş İsanın qayıdacağı günə qədər davam etsin».

Derek Prins Xidməti əsasən Avstraliya, Kanada, Çin, Fransa, Almaniya, Niderland, Yeni Zelandiya, Norveç, Rusiya, Cənubi Afrika, İsveçrə, Birləşmiş Padşahlıq və BirləşmişŞtatlar kimi ölkələrdə və ümumiyyətlə, dünyada fəaliyyət göstərən qırx beşdən çox Derek Prins ofisi vasitəsilə Prinsin təlimlərini yaymağa, missionerləri, imanlı cəmiyyət liderlərini və cəmiyyətləri öyrətməyə davam edir. Bu və beynəlxalq ofislər barədə məlumatı www.derekprince.com saytında əldə edə bilərsiniz.

www.ingramcontent.com/pod-product-compliance
Lightning Source LLC
Chambersburg PA
CBHW061249040426
42444CB00010B/2323